優れたリーダーは
アドバイスしない

OGURA Hiroshi
小倉 広

ダイヤモンド社

はじめに　アドバイスは「部下否定」である

皆さん、**部下へアドバイス**してますか？

そう質問されて

「いいえ。一切してません」と

答えるリーダーは皆無でしょう。

言葉を選び、トーンに配慮し、よかれと思って、

部下へアドバイスをしているに違いありません。

実は、それが育成の**邪魔**をしているとは

気づかずに……。

アドバイスは部下否定です。

アドバイスとは、「助言する。忠告する。勧告する」という意味です。

このことから、アドバイスとは相手に影響を及ぼし、相手の行動や思考を**変えよう**とする行為であることがわかります。

相手を変えたい、ということは、今のままでは**ダメ**だと思っている、ということです。

それこそまさに**部下否定**です。


否定されれば誰だっていい気持ちはしません。

なぜならば、部下が現在取っている行動は部下にとって〝**最善**〟の行動だからです。


たとえ、上司から見たら明らかに**間違っている**、もしくは**未熟**なやり方だったとしても、部下はそうは思っていません。

本人はいたって真剣にこれこそが**ベスト**と信じているのです。

なぜならば間違っている、未熟な方法だとわかりながらそれを選択する人はいないからです。

にもかかわらず、その〝最善〟の行動を「アドバイス」という**オブラート**にくるんで「否定」されたとしたら……。間違いなく不満に思うでしょう。

そして、行き着く先は次の二つのいずれか、となります。

否定された部下は**反発**するか、もしくは**無気力**になるか。

それは、いずれもリーダーであるあなたにとっての望むところではないでしょう。

このように書くと、

「いや、**否定しない**ように気を遣ってますよ」と反論する上司もいるでしょう。

たしかに、部下を**傷つけない**ように、

丁寧に「アドバイス」をしている方はたくさんいらっしゃいます。

しかし「アドバイス」というオブラートにくるまれた陰に、

ひっそりと隠れて「**暗在**」している次のメッセージは必ず伝わってしまいます。

一般的にアドバイスはこのような言葉で語られます。

「そういう場合は、こうした方がいいよ」

この言葉に一切「否定」は見当たりません。
しかし、〝表〟はいかにポジティブでも
〝裏〟にネガティブが
チラチラと透けて見えるのです。

部下はこの言葉の裏に
「暗在」するメッセージを
感じ取ることでしょう。

「そういうやり方は、**〝ダメだよ〟**（否定）
だから、こうした方がいいよ」

このように、言葉にならないメッセージが、
部下否定を伝えてしまっているのです。

ここまでの話を読んで、
こう思う方もいるでしょう。

「それは**大げさ**だよ。確かに否定の側面はあるかもしれないが、そこまで部下は気にしてないよ」

それは違います。
大げさくらいでちょうどいいのです。

なぜならば、上司と部下の関係は、
そもそもが**優越**ポジションと
劣等ポジションの関係にあるからです。

つまり何も言わなくても部下は劣等感を感じやすいのです。

上司は自分の
ポジションパワーに無自覚です。
しかし、部下はちょっとした言葉の端々に上司の優越を感じます。
それは**マウント**にさえ聞こえます。

つまり、上司は人一倍自分のパワーに**鈍感**で、部下は人一倍**敏感**になるということ。
そして、両者の距離は加速度的に広がります。
そこに気づかなくてはなりません。

また、こんな質問も多く受けます。

「では、部下から〝◯◯さんならどうしますか？〟と
アドバイスを求められた時には、
答えてもいいのですか？」

これには「要注意」です。

人はアドバイスを求める際に、ほとんどのケースで自分なりの「答え」をすでにもっているからです。

つまり、「答え」を求めている風を装っているものの、本当は「自分の答えが正解だ」と〝**答え合わせ**〟をしたいだけの場合が多いのです。


もしも、上司のアドバイスが、部下がもっている「答え」とイコールだったら問題はありません。

しかし、それと異なるアドバイスをしたらどうでしょうか？


部下の「**劣等感**」を強烈に刺激し、悲惨な結末をたどることになるでしょう。


ですから、部下の「○○さんならどうしますか？」という**罠**に乗ってはいけないのです。

そんなときは、「あなたはどう思っているの？」という**逆質問**をした方が安全です。

ここでもアドバイスは**危険**なのです。

詳細は後述しますが、

私たちが日頃行っている「アドバイス」を含む教育はすべて、アドラー心理学でいうところの**「原因論」**に基づいています。

「原因論」とは、大雑把に言うならば、ものごとをうまく進めるためには、「問題」を探し出して、それを**「取り除く」**必要があるという発想です。つまり、「問題ありき」の発想です。

当然ながら、常にネガティブな**「問題探し」**をしているわけです。

この考え方は**物理学的**には正しく、たとえば「プログラムのバグを探して修正すればうまくいく」「工場ラインのトラブルを探して修正すればうまくいく」など、比較的シンプルな、かつ相手が感情をもたない**機械**の場合に優れた効果を発揮します。

しかし、**人間相手**にこれをやってもうまくいきません。

たとえば、「コミュニケーションがうまくいかない」「モチベーションが上がらない」「会議で意見が出ない」などの問題は、プログラムのバグを探すような「原因探し」「問題探し」をしてもうまくいきません。

なぜならば、人間が絡む問題のほとんどは、原因が一つではなく複数あるからです。

しかも、その一つひとつが複雑な因果関係で絡み合い、「どれが本当の原因であるか」は容易にはわからない。

だから、**原因を探す**ことに意味はないのです。

また、人間は機械とは違って**感情**をもつ動物です。

そしてやっかいなことに、この感情が思考や理性を邪魔するのです。

しかし、人間はこれにあらがうことはできません。

なぜならば、人間の脳は思考や理性よりも、**感情を優先**するようにできているからです。

ですから、感情をもった人間に対して、論理思考を使って理性的に問題を指摘しても相手はそれを受け容れにくいのです。

そう。先に伝えた通り、「反発」するか「無気力」になるのです。

ここまでお読みになった皆さんから以下のような声が聞こえてきそうです。

「なんだか、**面倒くさいな**……。そこまで**気を遣ってあげる必要**があるのかね？」

「私たち**昭和**の世代は、もっと**ストレート**にビシバシと問題指摘をされて育ってきた。それでうまくいっていたんだ」

その気持ちは、よくわかります。しかし、次のように考えてみてはいかがでしょうか。

紙媒体が**ネット**に移行しつつあるように。

文章やイラスト、写真などが**AI**の力も借りるようになったように。

同じことを繰り返すルーティンワーク「マニュアル・レイバー」が減り、変化に適応しながら新しい知識を生み出す**「ナレッジ・ワーク」**が主流になったように。

マネジメントやリーダーシップと、その道具となるコミュニケーションも、大きく**変化**しなくてはならない。私たちはその狭間に生きているのです。

インターネットが当たり前になったように、近い将来ＡＩも当たり前になるでしょう。

それと同じように、
これまでマネジメントスタイルの
主流だった「**指示命令**」や、
それを少しだけソフトにした
「アドバイス」という名の
部下否定が、
やがて「**アドバイスしない**」
スタイルへと
変わっていくことでしょう。
そして、
それが当たり前になっていく。

皆さんには、
その先達になっていただきたいのです。

本書は、これまで49冊のビジネス書を著してきた僕にとって
50冊という節目に当たるいわば総集編です。
これまで研修講師として年間300回登壇し、
毎年1万名もの受講者に伝えてきた、
人間の本質に即しつつも、**新しい潮流**にも適合した
リーダーシップ、マネジメントの**理論**、**哲学**、**技法**を
余すところなくお伝えしてまいります。
どうぞ知的好奇心を満たしながら、楽しんでおつき合い下さい。

小倉 広

優れたリーダーはアドバイスしない◉目次

［装　丁］奥定泰之
［漫画・イラスト］中村知史
［ＤＴＰ］本間　緑
［校　正］小倉優子
［編　集］田中　泰

序章

物語のはじまり

「部下育成」と三つの「リーダーシップ」

3人のリーダーシップ・スタイルを比較する

――「教示型」「回避型」「共創型」の違い

本書では、マンガを通じて、3つのリーダーシップ・スタイルを比較しながら、**「なぜ、アドバイスは無力なのか？」「部下の成長を引き出すリーダーは、どのようなコミュニケーションをとっているのか？」**について、皆さんと一緒に考えていきます。

物語は、インターネット広告代理店フィード社営業部・伸溜《ノビル》主任と、制作部所属のクリエイティブ・ディレクターである撰素《センス》取締役による、セトル社の難題《ナンダイ》部長へのプレゼン場面から始まります。

伸溜主任は懸命にプレゼンするものの、その未熟さを露呈。クライアントの難題部長から厳しいツッコミを受けて立ち往生しそうになったのを、経験豊富な撰素《センス》取締役が見事にフォローして窮地を脱する一幕となりました。

帰社後、撰素《センス》取締役は、プレゼンに同行することができなかった営業部所属の3課長、手市《ティーチ》課長、温水《ヌルミズ》課長、個知《コーチ》課長に詳細を報告。その申し送りに基づき、3課長はそれぞれのスタイルで伸溜主任に対する指導に乗り出します。

3人のリーダーシップ・スタイルは、「教示型」「回避型」「共創型」に大きく分けることができます。その違いを味わっていただきながら、**「部下の成長を引き出すコミュニケーション」**について、ともに思考を深めていきましょう。

マンガの登場人物のプロフィールは、次のとおりです。

〈登場人物〉

伸溜《ノビル》主任（フィード社、31歳）

営業部所属。チームの主力。これまでは顧客にかわいがられる物売り型営業で成績を伸ばしていたが、中堅社員として大手クライアントを任されるようになってから顧客課題解決型ソリューション営業への転換ができず苦戦中。口癖は「とりあえず」、呼び名は〝ノビルさん〟。

撰素《センス》取締役　CD《クリエイティブ・ディレクター》（フィード社、45歳）

創業メンバー。制作部門を統括するクリエイティブ・ディレクター。国際的コンテストで多数入賞。日本を代表するクリエイターの一人であり社長の頼れる右腕でもある。プレゼン力も高く同社大型案件の多くを決めてきた。口癖は「もちろんです」、呼び名は〝センスさん〟。

難題《ナンダイ》広告宣伝部長（セトル社、51歳）

〝精算お任せあれ〟アプリを開発販売するセトル社所属。元大手代理店電博出身で広告のプロ。広告効果測定のエビデンス重視で旧来型の物売り営業を毛嫌い。各社を競わせる相見積もりコンペなどを実施。効果が出なければ容赦なく切り捨てるドライな性格の反面、努力根性を認める人情家でもある。口癖は「エビデンス」。

手市《ティーチ》営業課長（フィード社、34歳）

顧客課題解決型ソリューション営業を得意とし、同社の核となるクライアントを開拓してきた功労者。プレイヤーとしては極めて有能だが、人

を育てることが苦手。最短距離で的確なフィードバックをするため受け手は傷つきやすい。口癖は「一言で言って」、呼び名は〝ティーチさん〟。

温水《ヌルミズ》営業課長（フィード社、38歳）

顧客との信頼関係を築き、末永いお付き合いでリピートを獲得してきた。業績では手市課長に劣るが、社内で上司や部下からの受けもよく、誰からも嫌われることがない。部下へ強く要望、指摘できず可もなく不可もないタイプ。口癖は「いいと思います」、呼び名は〝ヌルさん〟。

個知《コーチ》営業課長（フィード社、32歳）

ベンチャー大手代理店から転職して3年。順調に業績を上げ31歳の若さで課長に抜擢された。前職で後輩にダメ出しを連発し、パワハラ認定され退職に追い込まれた。一念発起してコーチングを学び、国際資格も取得する程に。口癖は「どうしたい？」、呼び名は〝コーチさん〟。

亜布呂《アフロ》主任ＷｅｂＤ《ウェブ・ディレクター》（フィード社、37歳）
撰素《センス》取締役をサポートする右腕。クリエイター集団のまとめ役。親分肌でクリエイターを過酷な労働環境から守るために、営業部に対してケンカ腰で対応することも多い。一方で職人気質で、広告のクオリティへのこだわりも強い。口癖は「締め切りは？」。呼び名は〝アフロさん〟。

では、早速、伸溜主任と撰素《センス》取締役による、セトル社でのプレゼンの場面に入ってまいりましょう。

「セトル社でのプレゼン」編
センスさん、セトル社はあのビルの46階です
オレたちもあんなビルに入れるように頑張ろうな
はい。決裁者は代理店・電博出身の難題部長。3～4社のコンペになりそうです
よし、気合いを入れていこう

ホッ。。・
うんうん
うんうん

まずいな…
チラ
チラ
…という
ことで、
ぜひとも
弊社プランを
よろしく
お願いいたします
ペコリ
ストン
……
……
ふ〜〜〜っ
……
いくつか
質問を
よろしい
でしょうか
はい
……
……

他代理店と比較した場合、貴社ご提案の特徴は何でしょうか？

来たぞ！

弊社の特徴は、SEO、SNS、コンテンツ・マーケティングなどあらゆるメディアを総合的にお取り扱いしている点となります
まずいぞ！そうじゃない！

しかし……それは貴社に限らず大手はどこも一緒では……

おっしゃる通りです。ただし弊社はコンテンツ・マーケティングを得意としていてそこは優位な点です

ほぉ……コンテンツ・マーケティングですか……
ええ。ユーザーが興味を持ちそうな編集記事をWEB雑誌と展開したり、インフルエンサーに制作してもらった動画をYouTubeやTikTokに上げたり
イベントを実施して報告記事を掲載したりして、視聴者を貴社サイトへ誘導するんです
それくらいのことは私でも知っています…
ドカッ
そうでしたか
私が知りたいのは、そうではなく、我が社のアプリ〝精算お任せあれ〟を使った具体的な展開案なのです……
はい。それは今後、弊社クリエイターがきっちりと取材をさせていただいた後で改めて提案させていただきます

……という ことは……
今回の 提案には 具体的な クリエイティブ 案は入って いない、 という 認識でよろしい んですね？
はい・・・
いいえ！
もちろん 準備して ございます
こちらを ご覧ください
ピッ

名刺管理アプリ"共有くん"新聞展開
名刺管理アプリ"共有くん"雑誌展開
名刺管理アプリ"共有くん"イベント展開
名刺管理アプリ"共有くん"ダンス動画展開
こちらは弊社でお手伝いしたコンテンツ・マーケティングの展開事例です
ほぉ……〝共有くん〟のキャンペーンは、お宅が仕掛け人だったんですね
業界でも話題になりましたよね

ところで……
肝心の成果はどうだったのでしょうか
エビデンス（根拠となるデータ）は？
クライアントから許可をいただいているので、数字でお伝えします。6ヶ月のキャンペーンを通じて、インプレッション（広告表示）数は7百万。キャンペーン前の11倍に
ほぉ
女子高生によるTikTokでの名刺交換ダンスは、バズりまして再生回数は3千万回。いいね！が800万。シェア回数50万回と社会現象になりました
再生回数3千万回……

パ
再生回数　3千万回
いいね　800万
シェア回数　50万回
ハッ
確かに話題にはなったようですが……肝心のコンバージョン（成約）は？
そちらにも仕掛けがありまして。TikTokで〝かわいい〟とバズった女子高生が操作案内として出演した体験版アプリを作ったところ大好評でして
ダウンロード数はキャンペーン以前の200倍にあたる80万件。コンバージョン率はなんと17・5%を記録いたしました
そ、それはすごいな……
まあ、〝共有くん〟の事例についてはよくわかりました。しかし、肝心の我が社での展開イメージがなくては評価できませんな……
フン
オホン
ササッ
ハッ

キュッ
キュッ
このような展開案はいかがでしょうか？
ニヤリ
キュッ
キュッ
精算兄弟
パッ
パッ
精
領収書
精
算

イメージキャラクターは、今が旬のお笑い芸人、チョコレート・フランボワーズの二人です。二人はイギリスの有名なオーディション番組〝Amazing Talent〟で優勝し世界的に注目を集めています
Z・Z・Zzzzz〜〜♪
ピッ
これはおもしろいな。実は高校生の娘がチョコレート・フランボワーズの大ファンでな。しかし、彼らのような売れっ子を押さえることは本当にできるのかな？

パパ♡
彼らは私の大学の後輩でしてね。売れない頃から使ってあげていたので、間違いなく出演してくれるでしょう
それはすごい！
Z・Z・ZZZZ〜

「課長への申し送り」編
フィード社
会議室
A
……ということでセトル社での次回はより具体的なクリエイティブプランと見積もりの提示となります。コンペ勝ち抜きへ一気に近づきましたよ
さすが、センスさんですね。アドリブで〝精算兄弟〟を思いつくあたり、並のクリエイターではマネできませんよ

ところでセンスさん。うちのノビルは事前にセンスさんへプレゼン資料や話す内容を共有していなかったのでしょうか？
ん？あぁ。
そういえば資料はその場で初めて見せられたなぁ……
マジですか？いくらなんでもそれはないでしょ。センスさんに失礼だ
センスさん。では前日や当日に打合せはありましたか？クリエイティブ案を事前に作っていただくお願いなどは？
うーん……それも特になかったなぁ。〝とりあえず来て下さい！〟だけだったな
とりあえず
来て下さい!!!
え〜〜！

行ってみて驚いたんだけど、相手は元電博・広告のプロ。その相手に対して具体的なクリエイティブ案は何もなくてただの媒体説明。これでは怒り出すだろうな、とすぐに気づいたよ
あっちゃっちゃ〜
ズッ
ズッ
で、難題部長に突っ込まれたわけですよね？具体的なクリエイティブ案はないのか？と。うちのノビルは何と答えたんですか？
うーん。確か「後ほど我が社のクリエイターが取材をしてから改めてご提案します」とか言ってたような……
バタッ
バタッ
僕は思わず心の中で「それじゃぁ遅いよ！」と突っ込んでしまっていたな
ポリ
ポリ
あぁ……ノビルさん……営業の基本がまったくできていない
わい
わい

いかがだったでしょうか。

ここまでがマンガの前段部分にあたります。

第1章からはいよいよ、手市課長、温水課長、個知課長の3人の課長が、セトル社でのプレゼンについて行う、伸溜主任とのフィードバック・ミーティングをマンガで体験していただきます。

そして、本書の核心的なテーマである、**「なぜアドバイスは効果がないのか？」「〝教示型〟〝回避型〟〝共創型〟の3つのリーダーシップ・スタイルの比較」「どのようにすれば、部下の成長を促すことができるのか？」**について深く考えていきたいと思います。

第1章

「アドバイス」がダメな、これだけの理由

1 「教示型」リーダー・手市課長の場合
——アドバイスが「反発」と「無気力」を生み出す

本章から、3人の課長と伸溜主任とのミーティングをマンガで体験していただきながら、部下の成長を促すリーダーシップ・スタイルについて議論を深めていきます。トップバッターを務めるのは手市課長です。

手市課長は、〝悪気なく〟アドバイスをしまくる「教示型」リーダーですが、僕が見るところ、程度の差こそあれ、最も多くのリーダー・管理職が、この「教示型」にあてはまるのではないかと思っています。

この〝おなじみ〟のスタイルを用いると、部下である伸溜主任はどのような反応をするでしょうか。では早速、手市課長と伸溜主任のミーティングを覗いてみましょう。

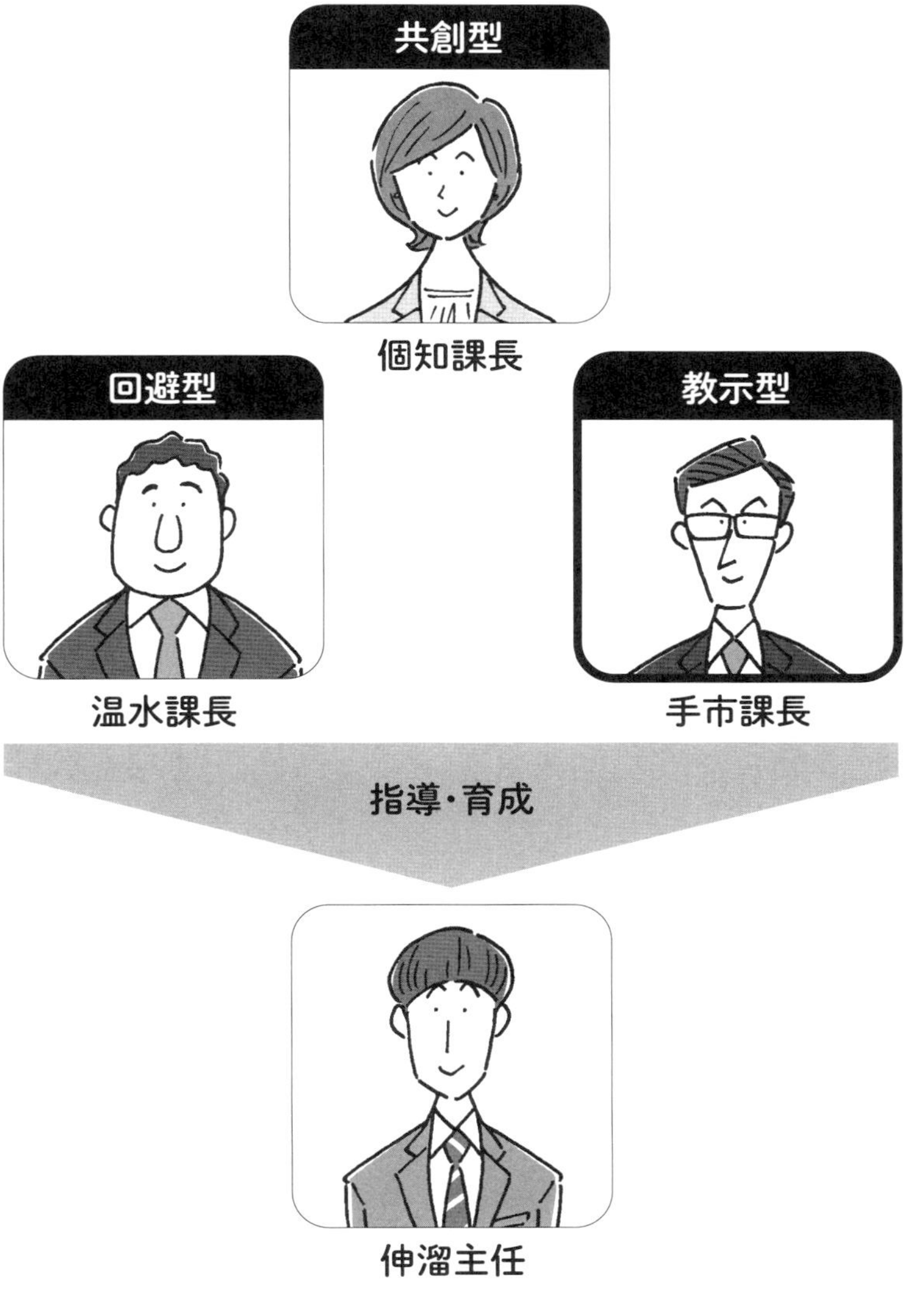
共創型
個知課長
回避型
温水課長
教示型
手市課長
指導・育成
伸溜主任

「教示型」リーダー・手市課長の場合
ノビルさん お疲れ様。センスさんから 聞きましたよ
あ、あぁ。セトル社での プレゼンの 件ですね？
ええ。ちょっと 準備不足だった ようですね
え、どういう ことですか？
ムッ
事前準備が、まったくされて なかったように 聴いてるけど……
まったく、とまでは 思いませんが……
いやいや、あれはまったくに 近いレベル じゃないかなぁ
ドカッ

まったく、だとは思いません！
ハァ
まあいいや。自分ではできていたと思っているんだね。じゃあ何ができていたの？
資料は前日にプリントしておきました。決裁者が誰かもセンスさんに伝えました。
当日の流れも自分の頭に叩き込んでおきました
それくらいはできて当たり前のレベルだよね。主任のノビルさんはもう一段上のことができなくちゃ
まずは準備。事前に制作部へクリエイティブ案作成を依頼しなくちゃ
もう一段上って……具体的に何をすればよかったのでしょうか

それは…なにせプレゼンまでに時間がなくて…
日程が決まったのは一週間以上前でしょ。お願いすればやってもらえたはずだよ
ハッ
シュン
それに……結局お客さんに、クリエイティブ案は?、と突っ込まれたわけだよね。制作部にかけあって無理してでも作ってもらうのも営業の大事な仕事だよ
後さぁ、難題部長に向かって「コンテンツ・マーケティングとは何か?」を説明したらしいじゃない?元電博の難題部長は知っているって想像つくよね
それくらいのことは、私だって知っています……
ドカッ
そういうときは、相手が何を求めていて何を求めていないか、を想像して話を変えたほうがいいね。相手の立場に立って考えてみるんだ
プレゼン中難題部長の表情とか見ていた?そしたらすぐに満足いっていない様子がわかったはずだよ

センスさんは難題部長の表情を見て不満に気づいて急遽アドリブを加えたと言ってたよ。本来それは営業つまりノビさんの仕事なんだよ
まずいな……
チラ チラ
……わかってます
ホントにわかってる？ノビさん、以前も他のクライアントで反応のいい若手の方ばかり見てて、渋い表情の決裁者の方を見てなかったことあったよね？
でも、反応がいい若手を見てちゃぁダメなんだよ。決裁者の表情を見ながらプレゼン内容を変化させていかなくちゃ
あとさぁ。同業他社の成功事例。名刺アプリ〝共有くん〟での展開事例ね
センスさんが気づいて見せてくれたらしいけど、本来はプレゼン資料に入れておくべきだったね
用意してございます！

パソコンに入れてあるので、いつでも見せられるように準備はしてありました
パソコンに入れてあるだけじゃダメで、あらかじめ資料に入れ込んでおかなきゃ
しかも相手は〝エビデンス〞が口癖の難題部長じゃないか。訊かれる前に、こちらから先に見せなくちゃ
成果はどうでしたか？
エビデンスは？
媒体説明はしなくてよかったね。向こうは詳しいんだから。むしろ、〝共有くん〞の事例を説明すればよかったんだ
お客さんは他社事例に興味津々なんだよ。それを見せなくちゃ

………

………

何が足りなかったか、わかったかな？　次からちゃんと気をつけようね。次回はさらに大事なプレゼンだからね
はい……

あ、それから。次回は私も同席するから、必ず私のスケジュールを見てアポイントを取るようにね
はい…

ズズ
大丈夫？

はい…

はい…

はい…

パッ

2 なぜ、アドバイスは「反発」を生むのか？
――どんなに丁寧に伝えても〝ダメ〟な理由

アドバイスで「相手」を変えることはできない

手市課長による伸溜主任への「教示型」アドバイスの場面をお伝えしました。どのような感想をもたれたでしょうか。

「あー、自分とそっくりだ。私もメンバーにあれこれとアドバイスをしまくっています。反省……」

という方もいれば、

「いえいえ、私はあんなにアドバイスしていません。私がするのはせいぜい1～2割。残りはしっかり傾聴しているから〝教示型〟ではありません」

という方までさまざまではないでしょうか。

しかし、どちらも大差ありません。そして、**アドバイスで相手を変えることは不可能**です。これは「道徳」ではなく「科学」です。つまり、僕は道徳的な意味で「いい人になりましょう」と言っているのではありません。**アドバイスは「科学的に効果がない」**と言っているのです。

アドバイスは「量の加減」の問題ではありません。

手市課長のようにアドバイスしまくりだろうが、少しだけ（全体の1割程度）だろうが、いずれも効果がないのです。なぜならば、それがわずかでも**相手の「反発」と「無気力」を生み出してしまう**からです。

もちろん僕は、「あらゆる場面でアドバイスが100％効果がない」と言っているのではありません。効果がある場面〝も〟あるのです。

しかし、そのためには二重、三重に条件が必要です。ですから、よほど限られた場面でない限りアドバイスは効果がない。それくらいに思っておく方がいい、とお伝えしたいのです。

親しい経営者との会食での「痛恨の失敗」

それがよくわかる、僕のちょっとした失敗談をお伝えします。

年に何度か近況を交換する、僕よりひとまわり年下の経営者との食事会でのできごとです。仮に彼の名をA社長としましょう。彼は設立15年、従業員数50名ほどの中堅企業の創業経営者です。その会社は小さいとはいえ業界では名が知れ、マスコミから何度も取材されるような素晴らしい会社です。

A社長はありがたいことに僕のことを尊敬していると周囲に公言し、5年以上前から年に数回ある僕との会食を楽しみにしてくれています。

話は互いの近況共有から始まり、自然に悩み相談へと移っていきます。経営者は孤独だとよく言われます。彼も常に社員の前で前向きに振る舞っていて、ネガティブを口にすることはありません。だからこそ、利害関係のない僕に本音を漏らしてくれるのです。

これまでの5年間、僕は彼の相談に対してアドバイスを控えていました。

立派な会社を現在も経営している彼と比べて、僕が経営しているのは所属人数わずか一人の個人事務所です。かつて、10年間にわたって30名ほどの企業を経営していたとはいえ、現在は組織の苦労がほぼない気楽な身分の僕が、今も苦労をしている**彼にアドバイスするなんて「おこがましい」と思った**からです。

しかし、その晩、僕はついうっかりとアドバイスをしてしまいました。

内容は、ある社員の退職に関する労務問題です。

中小企業の経営者の悩みのほとんどは〝人〟です。A社長もご多分に漏れず、創業から長年苦労をともにした幹部の退職が労務問題化していることで、二重三重に心を痛めていました。

僕はそんな彼の苦しそうな表情を見ているのがつらかった。しかも、その悩みは僕がかつて経験したものと同じ内容であり、彼が取ろうとしている対応がやがて別の問題を引き起こしてしまいかねない危険性をはらんでいました。

僕は心の中で葛藤しました。

アドバイスをすることは、尊敬する彼の努力を否定することになる。しかも、そのアドバイスがどんなに正しく役に立つものであっても、おそらくは効果がない。だからこそ、これまで彼と話した数十回の場面で僕は一度もアドバイスをしなかった。ただ彼の話を傾聴し、彼の苦労に共感したり、尊敬の念を伝えるだけだったのです。

"善意"と"油断"が生み出す「過ち」

しかし、そのとき、僕は「アドバイスをしたい」と思いました。

このままでは、彼が法的に間違った対応をしてさらに苦しむ羽目になる。今回だけはアドバイスをすべきではないか。

それに……。過去の蓄積で「彼との信頼関係は盤石である」との思いもありました。しかも、彼から「小倉先生を尊敬しています」と伝えられていた仲です。「少しくらいならば大丈夫かも……」。僕の中にちょっとした油断が芽生えました。

「否定にならないよう、控えめに伝えればわかってくれる。知らん顔はむしろ不誠実だ。彼のためにも、ここはアドバイスをしなければ……」

そんな言い訳めいた思いから、思わずアドバイスを口走ってしまったのです。

「A社長。その覚え書きの内容は法律に抵触している可能性があるので後からもめるかもしれませんよ。苦労をともにした幹部を相手に弁護士を通したくない、という気持ちはわかります。しかし、ここは弁護士に任せた方がいいんじゃないでしょうか……」

A社長はハッとしたような表情をし、その後テーブルへと視線を落としました。

苦しそうな表情をしています。

どんなに「言葉」を選んでも、アドバイスは相手を傷つける

「あともう一つ。中小企業は社長の影響力がものすごく大きいのはA社長もご存じでしょう。僕が心配なのは、A社長がこの労務問題で心を痛め、エネルギーを奪われていることなんです。貴重な社長の時間とエネルギーがたくさん奪われている」

A社長は視線を落としたまま、歯がみしています。

僕は続けます。

言葉が止まらない。


「貴重な時間を使って、『元幹部になんて伝えればいいだろう……文面をどうすれば相手を傷つけずにすむだろう……』と、社長がそのように神経を使うのはもったいないと思うんですよね。そこは顧問弁護士に任せて、社長の心労を少しでも減らすことこそが大切ではないでしょうか……もちろん、お決めになるのは社長です。あくまでも、僕だったら……という提案でしかないのですが……」


そのときのことを今思い出しても、僕の伝えた内容が間違ったものだとは思いません。

しかし、**余計なことを言ってしまった……という後悔が強く残っています**。

というのも、そのとき、A社長の表情に一瞬浮かんだ、「そんなことはわかっているよ」と言いたげなイラッとしたような憤りの表情と、その後の無気力さ、そしてその後も会話が弾まず、気まずい雰囲気のまま食事会が終わってしまったことが忘れられないからです。

たとえ、傾聴9割、アドバイス1割だったとしても。

たとえ、相手との深い信頼関係が築けていたとしても。

たとえ、押しつけにならぬよう言葉を選び、提案の形を取り、相手の選択に委ねる、と付け加えたとしても。

それでも、**アドバイスをした瞬間に「反発」と「無気力」が訪れてしまう。**

改めてそれに気づいたのです。

3 アドバイスが「劣等感」を刺激する

――「反発」と「無気力」を生み出すメカニズム

マイナス感情が生じると、「理性」が働かなくなる

では、なぜアドバイスはそんなにも効果がないのでしょうか。

心理学で使われるＢＰＳモデル、すなわちバイオ・ＢＩＯ（生物学的観点）、サイコ・ＰＳＹＣＨＯ（心理学的観点）、ソーシャル・ＳＯＣＩＡＬ（社会学的観点）という三つの観点からお伝えしたいと思います。

まずバイオ（生物学的観点）です。

理性と感情を司る脳の部位別の働きと、ミラーニューロン細胞の働きの観点からご説明したいと思います。

人間の脳はそもそも理性的にできていません。

理性と感情が葛藤した場合、勝利者は常に感情です。

人間の理性を司る脳の部位は大脳新皮質、なかでも前頭前野です。一方で、感情を司る脳の部位は大脳辺縁系にある扁桃体です。マイナスの感情が強く発動しているときに、この扁桃体が過剰に活性化していると考えられています。

そして、このときに**理性を司る前頭前野の血流量が低下し、活動が減弱しているる**ことが明らかになっています。まさに感情が理性を支配し、理性が働かなくなっている状態。感情が勝利しているのです。

マンガのなかで、手市課長がアドバイスを繰り出す度に、伸溜主任の扁桃体が活性化し強いマイナス感情が発動していたのです。すると、伸溜主任の理性を司る前頭前野の活動が減弱し、アドバイスは全く頭に入ってこなくなります。

皆さんにも経験があるのではないでしょうか？　クライアントからクレームを受けたと

き、上司から叱責されたとき、頭が真っ白になり言葉が入ってこなかったという経験が。伸溜主任のなかでこれが起きていたのです。

「アドバイスは効果がない」ということが、よくわかるのではないでしょうか。

「上下関係」だからこそ、アドバイスは難しい

そもそも、感情は自分の状態をモニターし、自分を護るために必要な行動を発動する重要な機能を担っています。

たとえば、恐怖の感情は自分が危険な状況にあることを自らに教え、回避行動を取るよう自分を動かすために必要です。怒りの感情は、危害を加えられ、尊厳を傷つけられたときにそれに気づき、相手の行動をやめさせるために必要です。

感情には「恐怖」や「怒り」のような陰性感情だけでなく、「喜び」や「満足」などの陽性感情もありますが、「自分の生命を護ることが第一である」という生物学的目的から、**陰性感情の方が種類が多く、作用も強く働きます。**

2024年に大ヒットしたディズニー映画、『インサイド・ヘッド2』の主人公は複数の感情です。

そこに出て来る九つの感情のうち、実に八つが陰性感情（カナシミ、シンパイ、ムカムカ、ビビリ、イカリ、イイナー、ダリィ、ハズカシ）で、陽性感情はわずか一つ（ヨロコビ）であることからもそれがよくわかるでしょう。

このように、動物である僕たちは強いマイナス感情を理性で抑えることは不可能です。それは本人の性格の問題でもなければ、努力や意思の強さの問題でもありません。人間である限り、世界中80億人の全員が理性よりも感情が強く働くのです。そして、**マイナスの感情が生じているときには、どんなに正しい言葉をかけられたとしても、それを理性的に受け止めることが極端に難しくなる**のです。

だから、アドバイスは「逆効果」なのです。

しかも、**アドバイスは相手の劣等感を刺激し、マイナス感情を引き起こします。**

手市課長と伸溜主任のように、そもそもの関係性が「上下関係」、つまり「優越VS劣等」

の関係であればなおさらです。**「上」から「下」へ指導・アドバイスがされることで刺激された劣等感は陰性感情を引き起こし、理性に強烈なブレーキをかけます。**

するとどんなに有用なアドバイスも頭に入らない。アドバイスは、後述するように二重、三重の厳しい条件をクリアした時にしか効果を発揮しない。それは脳の仕組みからも明らかなのです。

アドバイスが危険な「生物学的」な理由

二つ目はミラーニューロンの働きです。

これは近年発見された脳の神経細胞で、相手の行動を観察しているときに相手の脳と同じ部位が活動する神経細胞のことで、人間の共感機能に大きく影響していると考えられています。

上司が部下にアドバイスする際に、無意識に部下を否定するかのような表情や振る舞いや言葉を選んでしまうことで、部下も上司と同じ脳の部位が反応します。すると、部下も上司に対して否定的な反応が出てしまいます。これが上司にアドバイスをされた際の「反発」につながります。

「営業の準備がまったくできていない」と指摘された伸溜主任は強く反発しましたが、これは、手市課長の表情や態度を観察したミラーニューロンの働きと見ることもできます。

マンガのなかで手市課長が「営業の準備がまったくできていない」と指摘したところ、伸溜主任が「まったくではありません」と強く反発しました。伸溜主任を否定する手市課長の表情や態度を観察したミラーニューロン細胞が伸溜主任の脳の同じ部位を刺激活性化し、伸溜主任も同じように相手に対して否定的な感情が芽生えているのが見て取れます。

同様に、**「無気力」に対してもミラーニューロンが働きます**。上司が部下にアドバイスをする際に否定的な気持ちから「がっかり」したり、「無気力」になったりするかもしれません。もしも部下が、このときに上司の言動を観察していたとしたら、脳の同じ部位が反応して、部下自身も「落胆」や「無気力」を感じる可能性があります。

人間はあらゆる動物のなかで、最も弱い動物です。

相手を攻撃する強い爪や牙もなく、走る速度も遅い。その弱い動物が生き残るためには、二つの機能を強化する必要がありました。

一つは「危険察知能力」を磨き、いち早く危機を見つけ素早く逃げるという機能です。人間の脳は危機を察知するために恐れ、焦り、不安などの感情を生み出し、その働きを脳の中で優先することで生命を護ってきました。

二つ目は「共感性」を高める機能です。人間は弱い動物であるがゆえ、群れをつくり互いに協力し合うしかありませんでした。その過程で、集団生活に適合するように、脳が「共感機能」を発達させてきたと考えられています。

つまり、人間が自分の命を護るために最適化してきた脳の反応が、上司と部下という「優越VS劣等」ポジションにより過剰反応を引き起こし、アドバイスの効果がなくなっているということ。以上のように、バイオ（生物学的観点）から「アドバイスが逆効果である」ことを説明することができるのです。

4 マイナス感情が「成長」の邪魔をする
――「現在地点」を肯定することが、すべての「出発点」である

自分を守るために、人は「逃避」「抑圧」「歪曲」する

なぜ、アドバイスは「逆効果」なのか？

前項ではバイオ（生物学的観点）から論じましたが、この項目では、サイコ（心理学的観点）で論じたいと思います。

それを説明するのに二つの視点が有効でしょう。一つは、ジークムント・フロイトの娘にあたるアンナ・フロイトらが、研究により明らかにした「防衛機制」の観点。もう一つはフレデリック・パールズらによる、ゲシュタルト療法の中心的な考え方の一つである

「変容の逆説的理論」です。

「防衛機制」とは、劣等感や陰性感情を感じることを防ぎ、心を安定させるために無意識に行う防衛的な心の働きのこと。**自分の心が傷つかないように、無意識に心を使って自分を護る**ことです。

先のバイオでは、理性よりも感情が優先されること、ミラーニューロン細胞による共感が危機から自らを護る、という「脳の中」での働きをご説明しました。それと同じように自分を護るという働きが、「心の中」でも起きるのです。それが防衛機制です。

アンナ・フロイトやジョージ・ヴァイラントらが類型化した、防衛機制の代表的なものとして以下が挙げられます。

逃避　ストレスの原因から物理的、心理的に遠ざかろうとすること。伸溜主任が手市課長との接触や会話を避けることです。

抑圧　思い出したくない記憶や感情を、無意識下に抑圧して感じないようにすること。伸溜主任がアドバイスを受けたという記憶を、無意識下に押し込めて忘れようとすることです。

歪曲　事実をねじ曲げて解釈し、ストレスを感じないようにすること。伸溜主任がよいプレゼンができなかったのは自分のせいではなく、時間がなかったせいだなどと解釈をねじ曲げることです。

先に「アドバイスは相手の反発と無気力を生む」と言いました。これは、「防衛機制が発動している」とも言えるわけです。

反発はある種の「歪曲」です。「私は悪くない。悪いのはあの人です」、もしくは「仕方ないんです。あんな状況ではできるわけありません」などと手市課長の助言を受け容れないようにすることで自分の心を護っているのです。一方、**無気力はある種の「逃避」や「抑圧」**です。伸溜主任が現状に向き合わず、目を背け、それを忘れようと感覚を麻痺させて、自分を護ろうとしているです。

つまり、上司と部下という「上下関係」「優越VS劣等関係」を前提としてアドバイスをすると、**部下の劣等感を過剰に刺激し、防衛機制を強めに発動させる**。すると、反発という「歪曲」や、無気力という「逃避」「抑圧」を生む。だから、「アドバイスは効果がな

手市課長の指摘に対して、伸溜主任は「時間がなくて…」と言い訳をするのは、「歪曲」という防衛機制が発動していると言えます。

い」とまとめることができるでしょう。

「否定」されると、人は「自己防衛」に走る

続けて、サイコ（心理学的観点）の二つ目として、「変容の逆説的理論」をご紹介いたしましょう。

「変容の逆説的理論」とは、フレデリック・パールズらによるゲシュタルト療法の中核的概念の一つであり、アーノルド・バイザーが提唱した理論です。

それを一言で語るならば、

「変わりたければ変わろうとするな」
「心の底から現状を肯定して受け容れたときに初めて変容が起き始める」

というものです。

「え？　どういうこと？」と、一瞬理解に困った方が多いのではないでしょうか。

たとえば、先のマンガを例にとるならば、手市課長は伸溜主任の営業プロセスを「本来

手市課長に問題点を指摘され、顔を背ける伸溜主任。このように現状を認めず目を背けている限り、「変容」は起きないのです。

あってはならないことだ」と否定し、「自ら反省すること」と「自ら変わること」を求めました。

すると、**過剰に劣等感を刺激された伸溜主任は自己防衛に走り、指摘されたことを「自分の課題」として認めずに目を背けようとしました**。しかし、それでは変わることはできません。だからこそ、変わることができない。これが「変容の逆説的理論」です。

つまり、「現実」に目を背けながら、次のような「防衛機制」を発動したままでは、伸溜主任は変わることはできないのです。

逃避　ミスのことは考えないようにしよう
抑圧　今週末は何をして遊ぼうかな（無意識下にミスを押し込める）
歪曲　ミスは自分の不注意から起きたのではなく、時間がなかったせいだ

つまり、「バイオ＝生物学的」に脳内で理性が止まり頭が真っ白になった状態では「変わることができない」うえに、「サイコ＝心理学的」にも「防衛機制」によって「変わることができない」ということ。このように、アドバイスによって部下が「変わること」は、

二重の意味で不可能なのです。

「現状を肯定」するとは、「褒める」ことではない

では、変わるためにはどうすればいいのか?

先ほどの逆をするのです。「変容の逆説的理論」に基づくならば、手市課長と伸溜主任の二人は、「望ましくない営業プロセスが実際にあった」という現状を心の底から認め、受け容れることから始めなくてはなりません。

そのために不可欠なのが「安全安心」です。伸溜主任が防衛機制を発動させずに、現状を認め、受け容れるためには、上司という優越ポジションにいる手市課長が、部下であり劣等ポジションにいる伸溜主任の劣等感を刺激しないように、**「安全安心」な環境をつくり出すことが必要**なのです。

そのための具体的な方法を説明すると、長くなってしまうため第3章に譲りますが、ここでは、部下が現状を認め、受け容れるためには、「安全安心」が感じられる環境をつくることがとても重要であることを覚えておいてください。

このようにお伝えすると、「マンガのようなケースで、現状を肯定するなんて無理だよ」という声が聞こえてきそうです。

しかし、**「肯定」とは、積極的に「素晴らしい」と褒め称えることだけではありません。**

中立的なスタンスで、

「そういうこともあるよね」

「そうなっちゃったのは仕方ないよね」

「もっと努力できたかもしれないけれど、伸溜さんなりにその時点でのベストを尽くしたんだよね」

と望ましくないことがらを受容することも含むのです。

「共感」を通じて、部下の「成長」をサポートする

「現状を認め、受け容れる（肯定する）」とは、「できごと・事実」だけを受け容れるので

はありません。セトル社でのプレゼンの現場で感じた、思い出したくもない、嫌な、恥ずかしい「感情」を仲溜主任自身が認め、受け容れるのです。

その際、上司である手市課長が、そうしたネガティブな「感情」を受け容れ、それを一緒に味わうと、仲溜主任はより一層、そうした「感情」を受け容れやすくなるでしょう。

それを「共感」と言います。

「難題部長に詰め寄られて焦ってうろたえてしまったよね」
「あーもっと事前準備しておけばよかった、と後悔しちゃったかもしれないね」
「少し自分を責めるような気持ちになっちゃったかなぁ。しんどいよね」

と、優越ポジションから劣等ポジションにいる仲溜主任を刺激せず、対等なポジションから**同じ一人の人間として「共感」し、相手と同じ「感情」をじっくりと味わい、追体験する**のです。

それが「安全安心」を生み出します。

仲溜主任自身が認めたくないような「経験」や「感情」を、目の前の上司が「そういうこともあるよね」と一緒に共感してくれている。その「安全安心」を感じ取れると、伸溜主任は、ミラーニューロン細胞の働きも助けとなり、自分の「経験」や「感情」を受け容れられるようになり、次に向かう準備ができる。すなわち、「変わり始める」ことができるのです。このように、**上司は「共感」を通じて、部下の「成長」をサポートすることができる**のです。

認めたくない「感情」を、味わい尽くすことが「出発点」である

つまり、**ネガティブな現状を受け容れ肯定することが、成長の第一歩になる**ということです。カーナビに喩えるとわかりやすいでしょう。カーナビで「目標到達地点」、つまりは「あるべき姿」だけを入力してもルートは見つかりません。「現在地点」を入力して初めてルートは見えてくるのです。

そして、「現在地点を入力する」ということは、「認めたくない現状」を認め、受け容れるということです。「現在地点」に目を背けて、「あるべき姿」である「目標到達地点」ばかりを見ていても、決してルートは見つからないのです。

これを、ゲシュタルト療法におけるもう一つの中核的な理論である「未完了の完了」で説明することできます。

誰にでも、認めたくないような、直視したくないような「経験」がありますが、そのような無意識下にある「逃避」「抑圧」「歪曲」された「できごと」や「感情」（これこそが「現在地点」です）をしっかりと認め、感じ尽くして、完了させない限り、次のステップには進めないという理論です。つまり、未完了だった「できごと」や「感情」を、十分に味わい尽くすことで完了させたときに、人は初めて次のステップに進み、成長を始めることができるということです。

ところが、手市課長のように、伸溜主任の「過ち」を容赦なく指摘したら、「逃避」「抑圧」「歪曲」が強化されるため、「未完了を完了」させることができません。

上司がやるべきなのは、伸溜主任が「逃避」「抑圧」「歪曲」していることを肯定し、受け容れることによって、伸溜主任が「現在地点」を受け容れ、「未完了の完了」をするサポートをすることなのです。

5 なぜ部下は「言うこと」を聞いてくれないのか？

――まずはじめに「相談的枠組」をつくる

「教育」が成立するためには、「枠組」が必要である

なぜ、アドバイスは「逆効果」なのか？

最後にソーシャル（社会学的観点）から論じます。

「相談的枠組」の概念と、「プリンシパル・エージェント理論」（項目6で説明します）で解説してみたいと思います。


まず、「相談的枠組」からです。

「枠組」とは、心理学で使われる用語で、「構造」と言い換えることもできます。「枠組」とは、**カウンセリング（相談とも呼ばれる）が成立するための条件**であり、「外的枠組」と「内的枠組」に分けることができます。

外的枠組とは、カウンセリングをするために必要な、日常空間から隔離された物理的な別空間である「カウンセリングルーム（相談室）」や、業務中の慌ただしい時間とは隔離された余裕のある「別枠の時間」などの、「外的な環境」のことを指します。

一方、「内的枠組」は、目に見えない「設定」のことで、「ルール」と言い換えることもできます。

たとえば、守秘義務。「語られた内容をよそで漏らさない」という約束がなければ、来談者は安心して内心を打ち明けられませんから、カウンセリングは成立しません。

あるいは、**来談者自らが「相談にのってほしい」と希望しているという、「相談的枠組」**も内的枠組の一つと言えます。いくら本人が困っていたとしても、親や友人が無理やり本人をカウンセリングに連れてきても、「枠組」が成立していませんから、「相談＝カウンセリング」は成り立ちません。カウンセリングの前提条件が壊れていると言えるからです。

これは、「教育」においても同じです。

教育とは、本人が「教えてください」という姿勢でいない限り成り立ちません。

いくら本人が困っているように見えたとしても、「別に教えてもらう必要は感じていません」という人を教師や親や上司が教育することは不可能です。

ところが、企業組織とは不思議なもので、経営層は管理職に対して部下育成の義務を与えます。

確かに経営の観点からすればそれは必要です。社員の成長なしに会社の成長はない。だからこそ、社員の成長をサポートするのは、上司や先輩社員の重要な使命。管理職の業務目標に「部下育成」を設定し、それを半ば義務化するのは、経営者の視点からはよく理解できます。

しかし、そこに「教わる立場」の人の気持ちは考慮されていません。

「スキルやノウハウを教えてもらうのだから部下は喜んで当然。上司が部下を教育するのは当たり前で何も問題はない」という傲慢なスタンスが見え隠れしています。

しかし、「枠組」が成立していない状態で、「教育」などできるわけがありません。
どんなに上司が優秀でスキルが高くても、
どんなに上司の経験が長く、たくさんの成功体験を積んでいたとしても、
どんなに上司の役職ポジションが高く、強い権限をもっていたとしても、
それでも「教育」はできません。
前提となる**「相談的枠組」が成立していなければ、「教育」することなど不可能**なのです。

なぜあの部下は、「言うこと」を聞いてくれないのか？

そのことがよくわかる、僕の失敗体験をお伝えしましょう。

それは今から20年ほど前、僕が従業員30名ほどのコンサル会社の社長を務めていたときの話です。

僕の組織人事理論は、それまでの古い常識とは異なる、心理学をベースにした独自なものでした。そのため、採用するコンサルタントは過去の常識に縛られた経験者ではなく、

未経験者が最適でした。〝真っ白な人〟を採用し、我が社の色に染めていく。そのために、コンサルタント未経験者だけを採用することにこだわっていたのです。

もちろん、採用後は懇切丁寧に教育します。

すると、意欲の高い社員たちは、乾いたスポンジが水を吸い込むように吸収していきました。この段階で多くの社員が、僕に感謝の言葉を伝えてくれました。「給料をもらいながらこのような勉強をさせてもらい、本当にありがたいです」と。そして、僕が教えたことを、コンサルティングの現場で忠実に実行してくれました。

しかし、2年、3年が経ち、独り立ちしていくと様相が変わっていくのです。

ある日、独り立ちをした中堅社員のコンサルティング現場へ、社長の僕が訪れたときのことです。そこでは、僕が教えたことと全く違うコンサルティングが展開されていました。僕が、丁寧にその背景や理由を説明したうえで、「やってはいけない」と禁止していたことを、彼は堂々と実行していたのです。それを目の当たりにした僕は、一瞬、目を疑いました。

一度できた「枠組」も、時間の経過とともに崩れる

彼は忘れてしまったのだろうか？

僕の「伝え方」が悪かったのだろうか？

それとも彼は勘違いして覚えてしまったのだろうか？

いずれにせよ、早急にやり方を修正してもらわなければなりません。僕は彼に伝えました。すると彼は「すみませんでした。今後はやり方を修正します」と素直に約束してくれました。僕は安心し、それ以上うるさく言わないよう見守ることにしました。

ところが、その数ヶ月後です。

僕は、再び彼の現場を目にする機会がありました。すると、またもや彼は同じ方法でコンサルティングしているのです。

僕は目を疑いました。そして、その会議が終わるやいなや彼に確認をしたのです。すると、彼は前回と同じように素直に謝ってくれました。「すみません。修正します」。僕は何が起きているのかわかりませんでした。

しかし、今ならばわかります。

教育の前提条件である「相談的枠組」が成立していなかったのです。

入社したての新入社員のころの彼との間では「相談的枠組」は成立していたのですが、それから数年が経ち、独り立ちした現在の彼は、**すでに「教えてください」とは思っていなかった**のです。

おそらく、彼は「自分はできている」「独り立ちしたのだから自分が正しいと思う方法でやりたい」と思っていたに違いありません。つまり、**かつては存在した「相談的枠組」が、時間の経過とともに崩れ去っていた**ことに、僕は全く気づいていなかったのです。

企業組織においては、「相談的枠組」は成立しにくい

「相談的枠組」について僕が学んだ師匠は、かつてこう教えてくれました。

「医者と患者の間には相談的枠組は必ず成立しています。

咳が出る。熱がある。症状に困った患者は医者へ尋ねます。

『教えてください。私は風邪ですか？　インフルエンザですか？　それともコロナでしょうか？』

だから医者が患者に検査をして、『あなたは風邪ですよ。咳が収まるまでは安静にして会社へ行ってはいけません』と教育すると、患者はそれを受け容れる。

つまり教育は成立するのです」

「しかし、会社組織は違います。

部下が上司に対して『教えてください』と言うのは、せいぜい右も左もわからない新入社員のときぐらいでしょう。

一方、数年経ちそれなりに自分で仕事がこなせるようになった中堅社員は、上司に対して『教えてください』とは思っていないでしょう」

「そんなときに上司が、『自分の方がよく知っている。自分が正しい』と思い込んでアドバイスをしても、おそらく部下は聞く耳をもっていない。

『はいはい、わかりました』と表面的に合わせて右から左へ聞き流す。まともに聞いちゃいないでしょう」

つまり、企業組織において、教育が成り立つ前提である「相談的枠組」が成立しているのは、「部下が新入社員のときくらいだろう」というのです。僕はそれを聞いて、積年の謎が解けた思いがしました。あのときの中堅社員との間には、「相談的枠組」が成立していなかったのだ、と。

部下との間に、「信頼関係」を築くほかない

しかし、同時に疑問がわいてきました。

「では、どうすればいいのか?」と。

先にお伝えしたとおり、企業組織では「上司は部下を教育すべし」という目標が設定され、半ば部下育成が義務化されています。しかし、相手は「教えてもらいたい」とは思っていない。これでは、部下はよくても、上司は〝立つ瀬〟がありません。どうすれば部下を教育することによって、部下に変わってもらうことができるのでしょうか?

ここで間違っていけないのは、上司が自分のポジションパワーを使って、部下を強制的に動かすことです。たとえば、「言われたとおりにやらないと、クビにするぞ」「言われたとおりにやらないと、評価を下げるぞ」といったことを暗に匂わせることで、部下を変えようとしてはなりません。

「強制」は、教育ではありません。

「強制」はあくまでも〝その場しのぎ〟です。

ポジションパワーにより部下を脅して言うことを聞かせたとしても、その場でしか部下は言うことを聞かないでしょう。上司がその場を離れた瞬間に、部下はまた元に戻ってしまいます。だからこそ、「枠組」が必要なのです。

上司が「部下を教育したい」と願うならば、「相談的枠組」を成立させるしかありません。つまり、**「教えてください」と言ってもらえる「信頼関係」をつくるより他に方法はないのです。**

6 顔の見える関係性での「監視」は危険である
——なぜ、部下への「フィードバック」は難しいのか？

「上司の利益」と「部下の利益」は相反する

この項目では、前項に引き続き、ソーシャル（社会学的観点）におけるアドバイスの問題点を論じます。

取り上げるのは、「プリンシパル・エージェント理論」という、ハーバード大学教授のマイケル・ジェンセンやウィリアム・メックリングらが発展させてきた経済学の理論です。この理論は経済学のみならず社会学、法学、政治学、経営学など、さまざまな分野にまたがる学際的な研究であり、現在も各分野の研究者により発展しています。

プリンシパルとは委託者つまり仕事を発注する人のことであり、エージェントとは受託者のことです。具体的には委託者が株主、受託者が経営者とも言えますし、本書に置き換えれば、委託者は上司、受託者を部下として読み解くこともできます。本項においては本書の趣旨に照らし、後者をもとに論を展開していきたいと思います。

同理論によれば、**「上司と部下の間には利益相反が生じ、部下は上司が求める成果よりも、個人の利益を優先しがちである」**ということになります。

そして、そのような事態を避けるために、プリンシパル（上司）がどのようなインセンティブ（誘因）をエージェント（部下）に与えればよいかを考察したのが、「プリンシパル・エージェント理論」なのです。

これに違和感を覚える人もいるかもしれません。

なぜなら、企業経営において、本質的に上司の利益と部下の利益は相反しないはずだからです。部下が成果を上げ、会社の利益に貢献することで、部下も上司も評価され、報酬があがり、キャリアアップができる。ここに利益相反は存在しないように見えます。

しかし、現実にはそうでないケースも多々あるのです。

たとえば、部下にとっては成果を上げるために膨大な苦労をするよりも、手を抜きながら現状維持の給料をもらう方が利益になるかもしれません。

たとえば、成果を上げるためには上司に詳細な報告をすべきですが、それにより上司から叱られたり、細かく詰められたりといった不快な思いをするよりは、情報を隠蔽した方が部下の利益になるケースもあるでしょう。

たとえば、上司の要望が、部下の目指すキャリアや信念価値観に反すると思えば、その要望を実現することは部下の利益に反するかもしれません。

では、どのようにすれば利益相反が解消し、同じ一つの目的に向かって努力してもらえるようになるのでしょうか？　同理論は、そのために必要な対策を、次のように提示してくれています。

1　上司と部下が「信頼関係」を高める

2　上司と部下の目標を一致させるように「目標設定プロセス」を改善する

3　成果を上げることで部下に利益を提供する、ストックオプションや業績ボーナスな

どの「インセンティブ・システム」を運用する
4 上司と部下の目線を統一するために「経営情報」を公開する
5 部下がすべき業務を明確に定義し、契約を結ぶ
6 部下の行動を監視モニタリングしフィードバックする など

「顔」が見える関係だからこそ、「過剰反応」が生まれる

なかでも、最後の「監視モニタリング」は効果的ですが、要注意です。というのは、やり方を一歩間違えれば、毒にも薬にもなり得るからです。

監視に関する「プリンシパル・エージェント理論」の発展的研究の一つに、チューリッヒ大学による「監視モニタリングは労働努力を高めるか」というものと、それをもとにしたオランダで行われた追跡調査があります。それによれば、**監視する者とされる者の物理的、心理的距離が近いか遠いかで成果が大きく異なる**というのです。

ある企業において、親会社の本部が子会社の組織を監視した場合には、労働努力の増加

が顕著に認められましたが、子会社のＣＥＯ個人が、管理職個人を一人ひとり監視した場合には、労働努力が明らかに減退したのです。

そこから考察されたのは、親会社と子会社というような、客観的かつ距離が遠い関係における監視は効果があるが、ＣＥＯと管理職というような、**顔が見える人間関係における監視は逆効果に働く**というものです。おそらくそこには、心理的な「疑念」や「警戒」、さらには「反発」が生まれ、影響したであろうことは想像に難くありません。

そして、「上司による部下へのアドバイスは効果がない」という理由がここにあります。アドバイスとは、上司による「監視結果」の部下へ対するフィードバックです。そこにはどうしても、距離の近い個人と個人の、お互いの「顔」が見える関係性があります。そして、そのフィードバックは通常、客観的なデータに基づくものではなく、上司の主観を色濃く反映したものとなります。だからこそ、**心理的な「疑念」「警戒」「反発」が生まれやすい**のです。

しかも、その関係性は明らかな「上下関係」「優越ポジションVS劣等ポジション」から構成されていますから、**「心理反応」が過剰に起きる土壌**が十分にあります。だから、上司から部下に対するアドバイスは、「逆効果」に終わる可能性がきわめて高いということになるのです。

もちろん、この研究結果一つで、すべてを説明することにはなりません。「上司のタイプ」や「部下のタイプ」など、個人の属性も結果に影響するでしょうし、企業の規模や業種、業態も影響するでしょう。あるいは、その企業で培われてきた組織文化も影響するでしょう。

しかし、監視に基づく部下へのアドバイスが、「逆効果」になり得ることは理解できるでしょう。このように、ソーシャル（社会学的観点）からも、アドバイスに効果がないと言うことができるのです。

7 部下を直接的に「育てる」ことはできない
――人が育つ「環境」をつくるのがリーダーの仕事である

「自分」すら変えることができないのに、「他人」を変えられるはずがない

上司による部下へのアドバイスは効果がない。

これは、さまざまな分野の偉人・賢人、さらにはことわざなどからも明らかです。西洋のことわざに次のようなものがあります。

馬を水辺に連れて行くことはできるが、
馬に水を飲ませることはできない。

また、「人間性心理学」の巨人の一人であり、「交流分析」の提唱者であるエリック・バーンは有名な言葉を残しています。それは、

過去と他人を変えることはできない。

しかし、未来と自分を変えることはできる。


というものです。

いずれの言葉も教えてくれるのは、**「他人を変えることはできない」**という真実です。


考えてもみてください。

皆さんは、最愛のパートナーである夫婦や恋人同士で、相手を変えることができたでしょうか？　自分の血を分けた子どもを、思い通りに変えることができているでしょうか？

僕たちは、最も距離が近い家族ですら変えることができません。ましてや、**赤の他人である部下を変えることなどできるわけがない**のです。


さらに言えば、僕たちは自分を変えることもできません。

あなたは禁煙やダイエット、禁酒に成功しましたか？
夜更かしをやめて、早起きすることに成功しましたか？
禁欲と節度に基づく、理想の毎日を送れていますか？

多くの人が「ノー」と言うでしょう。
僕たちは、自分を変えることすらできないのです。
にもかかわらず、赤の他人の部下を変えようとしている。
なんとおこがましいことでしょう。
僕にはそう思えてなりません。

管理職に求められている深刻な「矛盾」とは？

しかし、企業組織は管理職に対して、「部下を教育して、変えること」を求め、それを義務化します。
僕はその矛盾を感じざるを得ません。そして、声高に叫びたくなるのです。

「上司だからというだけで、部下を教育し、変えることは不可能です。もしそれができる人がいるならば教えてください。そんなこと、誰にもできるわけはないのです」と。

しかし、古今東西の企業組織には、多くの優れた人材を育ててきた「人材育成の名手」が数多く存在してきたのも事実です。

彼らは、部下を変えることに成功したのではないか？　そのような「問い」を立てることは、もちろん可能でしょう。しかし、僕は「違う」と思うのです。

なぜなら、本書で論じてきたとおり、人は他者に変えられそうになると、「反発」したり、「無気力」になったりするからです。むしろ、**「人材育成の名手」は、「人が人を変えることはできない」という真実を知り抜いていた**のではないかと、僕は思うのです。

人が人を変えることはできません。

しかし、人が変わることは可能です。

それは唯一、「自分から変わりたい」と思ったときです。

そして、そのときに、上司はそのお手伝いをすることは可能です。それこそが、「人材育成」なのです。

また、部下が「自分から変わりたい。もっと成長したい」と思うようなきっかけを与えることもできるでしょう。それも、「人材育成」の一つです。

つまり、**「人材育成」とは、人が人を直接的に変えることではなく、本人が「変わりたい。成長したい」というきっかけを与え、それをサポートする間接的なかかわりのことを指す**のです。決して、「直接的なかかわり」ではないのです。

「間接的なかかわり」こそが、「人材育成」の本質である

これを、わかりやすく説明している理論があります。

社会心理学者であるクルト・レヴィンによる「場の理論」です。

B＝f（P・E）

Bとは〝Behavior〟、つまり「部下の行動」です。

fとは〝function〟、つまり「関数」を意味します。

Pとは〝Person〟、つまり「人＝部下」そのもの、もしくは〝Personality〟、つまり「部下の性格」です。

そして、最後のEとは、〝Environment〟、つまり「環境」です。


要するに、レヴィンの公式はこう言っているのです。

「部下の行動」は、「部下の性格」だけで決まるのではない。

「部下の行動」は、「部下の性格」と「部下を取り巻く周囲の環境」つまりは「組織文化」や「上司のリーダーシップ」に影響を受けて形成される、と。


このことからわかるのは、上司が部下を直接的に変えることはできないが、**「環境」をつくることで、間接的に「部下の行動」に影響を与えることはできる**ということです。つまり、**「部下育成」とは「部下を変える」ことではなく、「環境づくりをする」ということ**になります。あるいは、**「環境づくり」をすることで、部下が「変わりたい。成長したい」と思えるような刺激を与える**ことなのです。

たとえば、周囲の同僚の頑張りを、「事例」や「ケーススタディー」として組織で共有する。たとえば、適切な内容とプロセスによる「目標設定」をする。たとえば、ポジティブな意欲を引き出すような、「客観的査定結果」のフィードバックをする。このような間接的なかかわりこそが、「人材育成」の本質なのです。

部下への直接的なアドバイスは、「今のままではいけませんよ。変わりなさい」というメッセージを暗に伝えてしまいがちです。だから効果がない。そうではなく、間接的にそれを伝えるのです。そのような「環境づくり」こそが、「人材育成」なのです。

変えるべきなのは、「部下」ではなく「自分」である

この項の最後に、筆者自身の座右の銘であり、これまでの著作でも繰り返し引用してきた、神学者であるラインホールド・ニーバーの言葉を伝えたいと思います。

神よ我に

変えるべきことを変える勇気と
変えられないことを受け容れる忍耐力と
その二つを見極める知恵を与えたまえ

この言葉を、僕なりに言い換えるとこうなります。

「変えるべきこと」とは、部下ではなく自分です。

「変えるべきこと」とは、リーダーがつくり出す環境です。

それを変える「勇気」をもたなくてはなりません。


一方、変えられないのは「部下」です。

それを受け容れる「忍耐力」をもたなければなりません。

そして、「変えられること」と「変えられないこと」を見極める知恵をもたねばなりません。ラインホールド・ニーバーによる深い教えです。

コラム1

なぜ、人は〝アドバイス〟したくなるのか?

――「メサイア・コンプレックス」という病気

なぜ、アドバイスは効果がないのか?
ここまで、さまざまな観点からお伝えしてきました。
しかし、それでも僕たちはアドバイスをしたくなる。それはなぜなのでしょうか?

誰かにアドバイスをすることで、僕たちは「自己効力感」を感じ、「自己肯定感」が高まります。また、「優越感」を感じることもできます。これらが、脳にとっての〝ご褒美〟となるのです。

「自己効力感」や「優越感」を感じると、脳内神経伝達物質で「快」の感情をもたらすドーパミンや、人とのつながりを感じるオキシトシン、心が穏やかに安定するセロトニンなどが活性化します。これらが〝ご褒美〟となり、**「快感」をもたらすため、僕たちはつい**

アドバイスをしたくなるのです。

このように、「人を助けたい」「自分ならば助けられる」と強く思っている病気を、心理学の言葉で**「メサイア・コンプレックス」**と呼びます（DSM−5には存在しない民間呼称。正式な診断名は自己愛性もしくは境界性パーソナリティ障害が該当すると思われる）。メサイアとはキリスト教における「メシア＝救済者」を意味し、「自分は人々を救うことができる特別な存在である」と思い込んでいる状態を意味します。

メサイア・コンプレックスを抱えている人は、一見すると自信がある人のように見えますが、実体はむしろその逆です。心の奥底に、自分でも気づかない「自信のなさ」「劣等感」「孤独」を抱えており、それを埋めるために周囲の人を無意識に利用しています。**相手を助けることで、実は自分の「欠落」を埋めようとしている**のです。

「どうしてもアドバイスをしたい！」と思うのであれば、むしろ自分の奥底に隠れている「劣等感」や「孤独感」と向き合う必要があります。そこを埋めない限りは、不健全なメサイア・コンプレックスから抜け出すことはできないからです。

第2章

〝優しいリーダー〟の本当の目的

1 「回避型」リーダー・温水課長の場合

──「アドバイス」を回避する"隠された理由"

手市課長に続いて登場するのは、温水《ヌルミズ》課長です。

温水課長は、部下に対してストレートに「指導・アドバイス」をすることを避けようとする「回避型」リーダー。ビシビシと指導・アドバイスをする「教示型」リーダー・手市課長とは正反対のように見えますが、その実態はどうなのでしょうか？

また、手市課長とのミーティングでは打ちひしがれた様子だった伸溜主任でしたが、温水課長とのミーティングは笑顔で終えています。一見、ポジティブなミーティングだったように見受けられますが、本当のところはどうだったのでしょうか？

早速、温水課長と伸溜主任のミーティングを覗いてみましょう。

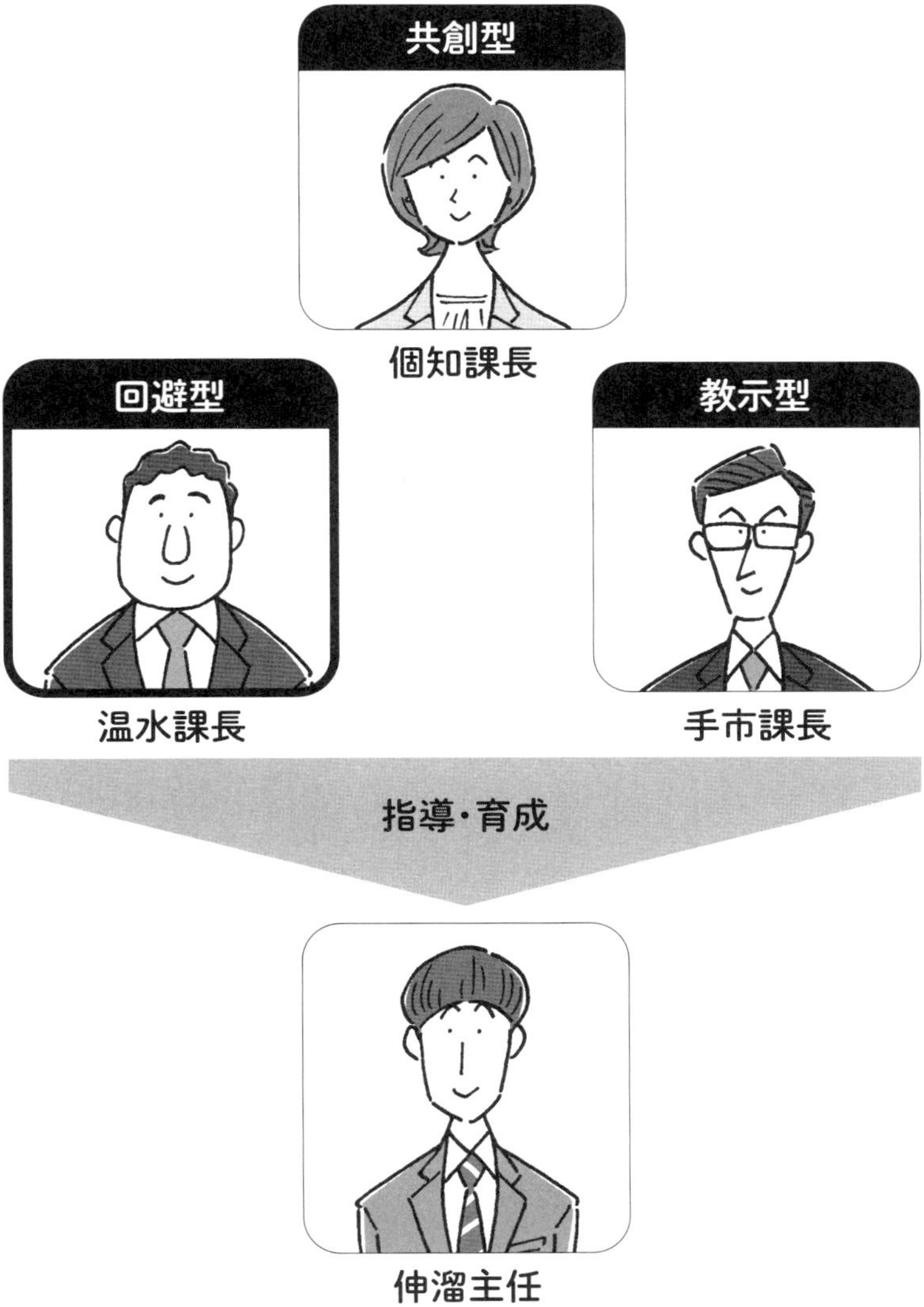
共創型
個知課長
回避型
温水課長
教示型
手市課長
指導・育成
伸溜主任

「回避型」リーダー・温水課長の場合
ノビルさん お疲れ様。センスさんから聞きましたよ
あ、あぁ。セトル社でのプレゼンの件ですね？
ええ。他社に比べて一歩リード、という感じみたいですね。よかった
ええ。一次予選通過、という感じです
なるほど。であれば、次回こそ前回の反省を活かしたいですね
反省？ 私のプレゼン、何か足りない所があったのでしょうか
あ、特に、問題、というほどではないんですが……

なら、いいです
……………
……………
ところで。ノビさん、前回は少し準備が足りなかったように聞いてますが…
資料は前日にプリントしておきました。決裁者が誰かもセンスさんに伝えました。当日の流れも頭に叩き込んでおきました
それと……パソコンの中に他社事例の写真とデータも準備しておきました
あぁ……
そ、それであれば大丈夫です。はい……

前回は〝精算お任せあれ〟独自のクリエイティブ案は間に合わなくて、センスさんのアドリブで命拾いしたと聞きましたが……
頼もうと思ったんですが、時間が足りないから無理だ、といつも言われるし、今は繁忙期だからあきらめたんです
うーん……そうでしたか…他部署に無理は言えませんものねぇ……
そうだ そうだ
お疲れ様でした。ノビさんの頑張りのお陰で大きなチャンスが巡ってきました
次回はより大切なプレゼンになりますので、私もぜひ同行させて下さいね

わかっています。ただ、ヌルさんのスケジュールいつも一杯だから調整が大変なんですよね
……申し訳ないです……
そうはいっても、難題部長のスケジュールが最優先ですのでヌルさんにも調整をお願いするかもしれません
はい、わかりました。次、頑張りましょうね
はい！

2 「教示型」は失敗すると「回避型」になる

――リーダーシップの「質的」転換が求められる

多くのリーダーは、「教示」と「回避」を行ったり来たりする

「回避型」リーダー・温水課長のマンガをご覧になって、どんな感想をもちましたか？皆さんの脳裏にも、一人や二人は温水課長のような「回避型」の存在が思い浮かぶのではないでしょうか。あるいは、自分自身が「回避型」であることに気づいた人もいるかもしれません。

一般的に「温厚で優しい人」と評価される「回避型」リーダーですが、その多くは、生

まれつきの「気質」や、幼少期体験から身についた「性格」のまま、自然と「回避型」リーダーになっていきます。

しかし、僕のように、**最初は「教示型」でやっていたもののそれがうまくいかず、「回避型」へ路線変更したリーダーも意外に多い**のではないでしょうか？　僕は、そのようなリーダーシップ・スタイルの変更を、いつも〝振り子〟に喩えて説明しています。

多くのリーダーが通る道――。

それが、「教示」と「回避」を行ったり来たりする〝振り子〟です。

部下育成をする際に、最も単純で簡単な方法が「教示型」です。

思ったことを歯に衣着せずストレートに指示命令する上司もいれば、時代に合わせて、少しだけ遠慮がちに歯に衣着せてアドバイスするにとどめる上司もいるでしょう。しかし、両者は、部下に対して「教示している」という意味では本質的に同じです。

そして、そのいずれもが失敗に終わります。

もちろん、100％失敗するとまでは言いません。

たとえば、部下の性格が素直で、能力的にも素養があり、かつ上司と部下の信頼関係が良好で、上司の人柄も温厚かつ寛容で、ごく自然にソフトな口調で伝えることができ、なおかつコーチングやカウンセリングなどの勉強をしてスキルが高い……。このように、いくつもの奇跡のような条件が重なったときには、アドバイスが効果を発揮することもあるでしょう。

しかし、そんなことは滅多にありません。

ですから、大半は、というよりも、ほとんどのケースでアドバイスは効果がありません。それどころか、**アドバイスをすることによって、上司と部下の関係性が険悪になっていくという「副作用」が起きる**のです。

リーダーが〝振り子〟になる心理的メカニズムとは？

その「副作用」が起き始めると、「教示型」リーダーは組織のなかで居心地が悪くなっていきます。

上司というものはポジション・パワーをもっていますが、実は、組織のなかでの立場は

弱いものです。上司一人に対し部下はその数倍～数十倍の人数ですから、多勢に無勢。しかも、上司は常に部下から完璧を求められ、少しでも失敗すると批判される立場にあるからです。

実際、東京にお住まいの方はご存じと思いますが、山手線新橋駅近辺などにある赤提灯が並ぶ飲み屋街で交わされる会話の大半は「上司の悪口」です。それがいちばん盛り上がり、部下が溜飲を下げるのに最適な話題だからです。

そして、そうした場で〝槍玉〟にあげられることを、上司は敏感に察知します。自分の評判が悪い……。そう感じた上司は自信を失い、これまでの「教示型」を失敗だったと判断して、アドバイスを控えるようになっていきます。こうして、みごとに「回避型」リーダーが誕生するというわけです。

この〝振り子〟のような反転は、僕が30代後半～40代前半のベンチャー企業役員や社長として経営していた時代に何度も経験したことです。

僕は、アドバイスを連発する「教示型」リーダーとして管理職キャリアをスタートし、ことごとく失敗を重ね、その逆へと〝振り子〟を振りました。今度は、言いたいことを我慢して何も言わない、温水課長のような「回避型」へと舵を切ったのです。

しかし、それも長続きしませんでした。

管理職が、言いたいことを永遠に我慢し続けることはできません。**アドバイスを一切せずに部下に好きなようにやらせていたら、今度は成果が上がらなくなります。**仕事の品質も下がり、納期も遅れます。

温水課長もそうです。

彼は、伸溜主任の「反省」を促そうとしましたが、伸溜主任の「反発」を恐れて、手市課長のように強い態度で迫ることを「回避」し続けました。

その結果、**伸溜主任との「関係性」を傷つけることはありませんでしたが、一方で、伸溜主任に、自分の「過ち」と向き合う機会を与えることには失敗**しています。これではおそらく、伸溜主任は再び同じ「過ち」を繰り返すことになるでしょう。そして、このようなマネジメントを続けていれば、いずれ組織そのものが「成長」しなくなることが予想されます。

部下の「反発」を恐れて、「回避型」になるリーダーは多いですが、その試みは「失敗」する運命にあります。

そうなれば、業績に対して責任ある立場の管理職は我慢できなくなり、かつて失敗したにかかわらず、またもや「教示型」へ戻ることを選択するでしょう。

ところが、その試みは、かつてと同じように失敗する運命にあります。またもや部下からの評判が悪くなり、上司は堪えきれなくなります。そして、やっぱり「教示型」には効果がないことに愕然として、再びアドバイスを恐れる「回避型」へと戻っていくのです。

〝振り子〟の軌道から脱却して、リーダーシップの「質的」転換をする

こうして、「教示型」と「回避型」を行ったり来たりする〝振り子〟運動が始まります。

そして、**「教示型」と「回避型」は、一見、正反対のリーダーシップ・スタイルのように見えますが、本質的には〝同じ穴のムジナ〟**にすぎません。

なぜなら、「回避型」リーダーは、ほとんど「教示・アドバイス」をすることはないかもしれませんが、それは単に「我慢」しているだけ。一皮めくれば、その裏側には抑圧された無数の「教示・アドバイス」が隠れているのです。

そして、部下は、それを鋭く見抜きます。**「この上司は口にはしないけれど、自分のことを否定的に見ているんだ」「この上司は口にはしないけれど、自分のことを低く評価しているんだ」**と察知。「回避型」リーダーとの間に、ひそかに心理的距離を取り始めるのです。

マンガのなかでも、その様子が描かれています。温水課長は何度か「教示」を試みましたが、仲溜主任の鋭い反発を受けてすぐにそれを引っ込めました。その姿勢を察知した仲溜主任は、温水課長へ疑念を持ち始めていました。

このことからもわかるように、「教示型」で失敗し「回避型」に〝振り子〟を戻したところで、本質的にはあまり意味はありません。**大切なのは、「教示型」と「回避型」を行ったり来たりする〝振り子〟の軌道から脱却すること。**すなわち、リーダーシップの「質的」転換を行うことなのです。

3 部下の「顔色」が気になるのは正しい
——ただし、偽りの「関係性」はチームを壊す

人間の「悩み」の85％は、人間関係の「悩み」である

「指示型」で失敗したから「回避型」になる——。

前項で僕はこう書きましたが、なかには、「私は〝回避〟なんてしません。リーダーはポジション・パワーがあるのだからそんなことをしなくても、自分の意見を通せばいいじゃないですか」と反論する人もいるかもしれません。

しかし、本当にそうでしょうか？

それは、本当にあなたの「本心」でしょうか？

リーダーといえども一人の人間です。**部下の「顔色」が気になってしまうのは当然のことではないかと、**僕には思えてなりません。

近年、多くの職場で「回避型」リーダーが増えているような気がしますが、その理由として、「指示命令型トップダウンは古い」という意見が時代の趨勢であることが挙げられると思います。

しかし、その背景には、**「人間はそもそも、周囲との人間関係を致命的に優先する存在である」**という「人間の本性」があるのではないでしょうか。米国の著名なコンサルタントであるブライアン・トレーシーの調査によれば、「人間の悩みの85％は人間関係の悩みである」とのことです。また、アルフレッド・アドラーは、「あらゆる課題は、すべて対人関係の課題である」と言っています。

「指示・命令は上司の責務であり、それを回避してはならない」という〝建前〟をおっしゃる方も、その〝建前〟の裏側には、「部下たちとの関係性を良好に保ちたい」という本音が隠れているのが普通だと思うのです。

すべての人間がもっている「居場所をつくりたい」という究極目的

僕が15年弱学び続けているアドラー心理学では、人の行動は「過去の原因」により決定されるという「原因論」よりも、「未来の目的・目標」により引き起こされるという「目的論」を重視しています。

つまり、僕たちが「教示型」から「回避型」へと移行するのは、部下が「反発」したり、「無気力」になったという「過去の原因」のせいではなく、「人類、世界という共同体に所属し安らげる居場所をつくりたい」という究極目標（未来の目的・目標）により引き起こされているという考え方です。

アドラー心理学は「原因論」を完全に否定しているわけではありませんが、「目的論」に沿って考えた方が建設的であり、人生はうまくいくと考えています。そして、この **「人類、世界という共同体に所属し安らげる居場所をつくりたい」** という目標は、全人類の「最上位目標」であり、「生きる目的」だと考えるのです。

実際、僕たちのすべての行動は、「所属と居場所づくり」のためだと言えます。

僕たちが勉強を頑張り、仕事を頑張るのは、**家族や同級生、同僚から認められることで、「所属と居場所づくり」をするため**でしょう。

また、人と喧嘩したり、争ったりするのは、自分が「所属」する共同体や、自分が大切にしている「居場所」を守るためだと言えるでしょう。

あるいは、時に「怠け者」になったり、自分の「弱さ」をひけらかしたりするのは、そうすることで親や周囲の人たちの「注目」を集めたり、「助け」を引き出すことによって、「所属と居場所づくり」をするためではないでしょうか。

そして、**上司が部下に「教示・アドバイス」をするのは、部下の成長に貢献し、組織をよくすることで、リーダーとしての「居場所」をつくり「所属」を実感するため**です。あるいは、部下に対する「教示・アドバイス」を「回避」するのもまた、部下との衝突を避け、関係性を改善することで「居場所づくり」をするためだと言えるでしょう。

このように、アドラー心理学は「私たちの建設的行動や非建設的な行動のすべてが、この究極目標のためであると考えると、人間の力動がよく理解できる」と言います。

そして、この議論を踏まえれば、リーダーが「教示型」と「回避型」の間を、〝振り子〟のように行ったり来たりする背景には、「所属と居場所づくり」という目的が存在していることがよくわかるのではないかと思います。

「居場所をつくる」とは、どういうことなのか？

問題はここからです。

「教示型」も「回避型」もともに、「所属と居場所づくり」を目的としているのは事実でしょう。しかし、その目的は果たして本当に達成されるのでしょうか？　僕の答えは、「教示型」「回避型」ともに「ノー」です。

なぜなら、第1章のマンガで登場した手市課長のように、**「教示型」は、部下のマイナス感情を刺激するがゆえに、その人間関係を大きく損ねる**からです。手市課長自身は、伸溜主任を「指導」することで、自分と伸溜主任との上司部下関係に「所属」しようとしたわけですが、その結果として、逆に伸溜主任との関係を悪化させ、その「居場所」を壊してしまいました。

一方、そのように「居場所」をなくしてしまわないために、「教示・アドバイス」を「回避」するという選択をしたのが温水課長です。

そして、マンガのラストシーンで、伸溜主任が満面の笑顔を浮かべている姿を見ると、温水課長の上司部下関係における「居場所づくり」という目的は、一見達成されているようにも見えます。しかし、本当にそうでしょうか？　僕には、むしろ「居場所」は崩れているようにしか見えません。

「所属」というものは、ありのままの「自然な姿」で所属することであり、「居場所」も同様に、ありのままの「自然な姿」のままで居られる場所があることを指します。そして、アドラー心理学では、**僕たちがありのままの「自然な姿」でいられるのは、唯一、周囲の人々へ「貢献」ができているときだけだ**と考えるのです。

想像してみて下さい。

皆さんのチームが船旅をしているとします。ところが、その船が難破して、無人島へ流れ着いたとしたら、皆さんはどのような行動を取るでしょうか？

怪我をしたり、病気にかかったりしていなければ、ほとんどの人は生き延びるために、食料や水を探しに出かけるでしょう。そして、雨露をしのぐ住居になりそうな洞穴を探し、材料を集めて家づくりを始めるに違いありません。

しかし、そのうちの一人が、仲間に「協力」も「貢献」もせずに、浜辺で寝っ転がりながら鼻歌を歌っていたとしたら、皆さんは、彼のことを仲間だと思えるでしょうか？　到底無理なことだと思います。

人間は、あらゆる動物のなかで最も弱い動物です。

その一人では生きられない弱い動物がこれまで繁栄してきたのは、互いに「協力」し合い、「貢献」し合ってきたからだと考えられています。

つまり、人間は一人では決して生きていけないということ。そして、そんな人間が生き延びる唯一の方法が仲間同士「協力」し合うことであり、そのために**最も大切なのは「仲間に貢献する」**ことにほかならないということです。

部下の「貢献」を引き出すことで、「居場所」はつくり出される

これは、職場でも同じです。

「仲間」として認められて、「居場所」を与えられるためには、「貢献」が求められます。

温水課長が、伸溜主任との「葛藤」を回避した結果、伸溜主任は満面の笑顔を浮かべています。しかし、この「関係性」は長続きしないでしょう。

つまり、**上司は、部下が「貢献」できるようにサポートすることによって、部下に「居場所」をつくってあげるのが仕事であり、その仕事に「貢献」できたときに、上司にも「居場所」が与えられる**というわけです。

では、マンガのなかで温水課長はどうすべきだったのでしょうか？

仲溜主任のプレゼンは、なんとか一次予選を勝ち抜くことはできましたが、このままでは二次予選、本戦を勝ち抜けるかどうか、たいへんに心もとない状況です。

このままコンペで敗退してしまったとしたら、撰素取締役《センス》をはじめとする仲間の膨大な時間的、労務的コストだけが消耗し、それに見合ったリターンが得られないという事態を招きます。

そうなってしまったときに、仲溜主任は、会社のなかで「居場所」をつくり、それに「所属」することは困難になるでしょう。それは何も「会社をクビになる」ということではありません。会社のなかで、ありのままの「自然な姿」で、リラックスして過ごすことができなくなるということです。

もちろん、それは温水課長も同じです。仲溜主任の「成長」を促し、コンペを勝ち抜くという「貢献」を引き出すことこそが、温水課長の会社に対する「貢献」であり、その

「貢献」ができなかった温水課長の「居場所」は失われてしまうのです。

ここには、「短期」と「長期」のトレードオフの関係があります。温水課長のような「回避型」リーダーは、その場その場で部下に対して「穏便」に接することで、短期的には、会社のなかに「居場所」をつくり、そこに「所属」することは可能です。

しかし、それが、長期間にわたって持続するとは思えません。なぜならば、**「人間関係の葛藤」を回避しているばかりでは、部下の「成長」を引き出し、組織に対する「貢献」を引き出すことはできない**からです。いや、そもそも、部下との葛藤を「回避」して、人間同士向き合うことから逃げ回っているだけでは、やがて部下からも愛想を尽かされるに違いありません。

つまり、短期的には「人間関係の葛藤」を避けることで「居場所」ができるかもしれませんが、それだけでは部下の「貢献」を引き出すことができず、長期的な「居場所」を確保できなくなってしまうのです。

4 優れたリーダーは〝無能なフリ〟をする

――リーダーはメンバーより「優秀」でなくてよい

〝優秀な上司〟のもとでは「部下」が育たない

「教示型」と「回避型」――。

この二つのリーダーシップ・スタイルは、一見すると全く異なりますが、「教示」を増やすか減らすかというだけの違いであり、同じ軌道上にある〝似たもの同士〟にすぎません。そして、すでに述べたように、その軌道から脱出して、全く次元の違うリーダーへと「質的な転換」を遂げる必要があります。

ただ、両者のリーダーシップを比較することで、とても大切な視点を獲得することができるので、本項ではそのことについて論じたいと考えています。

皆さんのなかには、

「優秀な上司のもとでは部下は育たない」

「無能な上司のもとで部下は育つ」

という言葉を聞いたことがある人は多いと思います。

そして、それを体験した方も多いのではないでしょうか？

かくいう僕も、まさにそれを体験した一人です。僕は、バブルのピークに大学を卒業して、新卒でリクルートへ入社しました。1年間だけ求人広告の法人営業を経験したあと、事業企画室へ異動し、就職情報誌の商品企画を3年間担当しました。そのときの二人の上司についてお伝えしたいと思います。

一人目の上司は、仕事が〝できる風〟な「教示型」リーダーでした。

難しいカタカナの経営用語を連発し、次から次へと仕事をつくり出し、部下に資料作成を指示して、自分は次の会議へと走って行きます。そして、会議から戻ってくると、部下がつくった資料に具体的な修正を指示したり、自分で真っ赤に赤字を入れて完成させ、すぐに次の指示を出すといった具合です。

いかにも**〝できる風〟な上司なのですが、その下で働く僕にとって楽しい環境ではありませんでした。**

当時の僕には、新たな価値創造をするクリエイティブな仕事をしているという自覚は皆無。まるで、ベルトコンベアに乗って流れてくる仕事（作業）を、上司の指示に従ってひたすらこなしているような「働き方」になっていたからです。

当然、僕のモチベーションは上がりません。〝やらされ感〟たっぷりで仕事をしていたため、スキルが向上しないばかりか、主体性・自発性のかけらもない〝問題社員〟だったように思います。

部下に頼ってばかりの〝できない上司〟

そんな僕に転機が訪れたのは翌年のことです。

それまでの上司が別の部署へ異動し、その代わりに、全国トップの営業成績をあげていた若手女性所長が異動してきて、僕の上司になったのです。彼女をA課長と呼ぶことにしましょう。A課長は異動してくるやいなや、僕に向かってこう言いました。

「オグラ！　私、営業から企画室に異動してきちゃったわよ。私、営業のことしかわからないから、いろいろ教えてねー」

僕は、「は、はい」と返事をしました。
するとA課長は、すぐに僕に質問をしてきました。

「オグラ！　なんかさっき、営業部長からわけわからない質問受けたんだけど、これどう対応したらいいの？」

僕にとってはたいして難しくもない対応です。
すぐにA課長へ関連部署を紹介し、対応手順をお伝えしました。
すると彼女は、意外な反応をしたのです。

「わぁ！　オグラさん、すごーい！　頼りになるぅ！」

この程度のことでほめてもらえるのは、僕にとって想定外でした。

しかし、まんざら悪い気はしません。「いやぁ、それほどでも……」と言いつつ、にやけていたように思います。

さらに依頼は続きます。

「ねぇ、オグラ！　今度、役員会で新商品のコンセプトをプレゼンしなくちゃならないのよ。私、経緯とかよくわからないしさ。この資料、オグラさんがつくったんでしょ？　オグラさぁ、私の代わりにプレゼンしてよ」

僕は驚きました。

「え？　無理ですよ。だって役員会は課長以上しか出席できないはずです。僕みたいな平社員は入れません」

「いいのよ。私がなんとかするから、オグラさんプレゼンしてよ。わかった？」

と強引にまとめます。

こうして僕は、本来ならば入ることのできない役員会で、プレゼンをするという貴重な体験をすることができたのです。しかも、会議が終わるやいなやA課長が僕のもとへ走ってきて、「オグラさん、すごーい！」と言って拍手してくれました。僕はまたまた、まんざらでもない気持ちになりました。

“できる上司”を装うよりも、“無能な上司”のフリをする

その後も、A課長は何かにつけて僕を頼ってくれました。

やがて僕は、A課長から頼られる前に、

「課長、今のうちに予算策定の根回しを始めないと間に合いませんよ」

「課長、マネジャー会議の資料をつくっておきました」

と先回りして提案するようになりました。するとその度に、A課長は満面の笑みを浮かべて、「オグラさん、やるー！」と誉めてくれるのです。

僕は、A課長のもとで仕事をした3年間、高いモチベーションで、楽しく仕事をするこ

とができました。

そして、自分でも気がつかないうちに「スキルアップ」していただけでなく、自分から積極的に仕事をする「自発性」も発揮するようになっていきました。この3年間で、「自発的」で「自律的」なリーダーへと脱皮することができたのです。

このように、**部下をビシビシ指導する〝優秀な上司〟のもとでは部下は育たず、部下に頼ってばかりの〝無能な上司〟のもとでこそ部下は育つ**のです。

ただ、皆さんはもうお気づきのことと思います。

言うまでもありませんが、A課長は無能なのではありません。

本当は優秀なのに、〝無能なフリ〟をしてくれていたのです。

いったい何のためでしょうか？

もちろん、僕を育てるためです。

僕の「能力」や「モチベーション」、そして「主体性」や「自律性」を最大限に引き出すために、A課長は「教示型」のリーダーシップ・スタイルを控えてくれたのです。

その後、3年にわたって、A課長と一緒に仕事をしていくうちに、僕はいかにA課長が

〝本当は〟仕事ができる上司であるかを思い知らされました。

そして、彼女がこれまでも全国トップの営業所長として活躍してきたのは、僕に接するのと同じように営業員たちへ接し、彼らから最大限の「能力」と「やる気」を引き出してきたからだとわかったのです。

いわば、A課長は、僕を育てるために、「教示・アドバイス」を「回避」するどころか、あえて〝無能なフリ〟さえしてくれたわけです。

一方、その前の上司は、ビシビシ「教示」してくれる〝できる風〟な上司ではありましたが、僕は成長しないどころか、「問題社員」ですらありました。この差は、非常に大きいと言わざるを得ません。

言い方をかえれば、**リーダーは〝できる風〟を装ったり、「自分の優秀さ」を証明したりする必要など全くない**ということです。むしろ、**〝無能なフリ〟ができる上司の方が、部下の「主体性」や「能力」を引き出すことができる**ということです。

これは、「教示型」と「回避型」の軌道から脱出して、全く次元の異なるリーダーへと「質的転換」を遂げるうえでも、非常に参考になる事実です。ぜひ、皆さんに覚えておいていただきたいと思います。

5 リーダーは「正解」を知らなくてよい

——「正解」を押しつけるから、部下に嫌われる

リーダーシップを「質的」に転換する

「教示型」と「回避型」は同一軌道上にある——。

これまで繰り返し、そう述べてきました。

僕自身がそうだったように、「教示型」でうまくいかなかった管理職は、反対の極である「回避型」へと移行しますが、その「回避型」でも失敗をして、再び「教示型」へと回帰するという〝振り子〟運動を続けることになりがちです。

その間、**部下との人間関係を傷つけ、チームや組織の活力を削ぎ、思うように業績を上**

げることもできないまま、自分自身をすり減らしていく……。そんな不毛な日々を終わらせ、職場のリーダーとして充実した仕事をするためには、「教示型」と「回避型」の軌道から脱出して、全く次元の違うリーダーへと「質的な転換」を遂げる必要があるのです。

それが、第3章で解説する「共創型」リーダーへの転換です。

繰り返しますが、「教示型」が「回避型」に変わったとしてもそれは本質的に〝同じ穴のムジナ〟です。一つの軸の上における「教示量」の多寡《たか》でしかないからです。

そうではなく、僕たちが目指すべきリーダー像は「教示」、すなわち「答えを教える」ティーチング型リーダーではなく、部下と共に「答え」を創り出すプロセスをとおして、部下に自分で考えること、さらには自己決定することを促し、それを心から支援する「共創型」リーダーと呼ぶべき存在です。

それこそが、先の〝振り子〟の放物線から脱却し、全く違う軌道へと切り替えることであり、リーダーのあり方として「質的な転換」を遂げるということなのです。

「共創型」リーダーのコミュニケーション・スタイルは、「ティーチング」ではなく、「コーチング」や「カウンセリング」の理論や技法に基づくものになります。

ただし、これは技法だけ実行してもうまくいきません。**それらの一貫性や世界観を担保する「哲学」や「人間観」を身につけなければ、形だけのニセモノになってしまう**のです。

哲学を身につけるということは、ある程度、「人格」や「人間性」までもが変わる必要があるということにほかなりません。

たとえば、**「教示型」リーダーの多くはメサイア・コンプレックスに毒されており、「自分が正しい」「自分は能力が高い特別な人間である」と心の奥底で無自覚に思っています**が、それを捨て去らねばなりません。

それは、「自己否定」することではありません。〝振り子〟のように、「自分が正しい」という優越から、「自分は間違っている」という劣等に、ポジション・チェンジすることではないのです。

自分がもっている「正解」は、数ある「正解」の一つにすぎない

では、どうすればよいのでしょうか？

答えはシンプルです。**「ただ一つの正解などない」という真理を、しっかりと認識する**ことが大切なのです。

そもそも、組織運営や経営など複雑な事柄を、多くの人間が協働しながら成し遂げていく際に、「ただ一つの正解」などありえません。たとえば、「新規事業を成功させる」「既存商品を新市場へ投入する」など、経営課題を実践する際に、企業や組織によりやり方は無限にあります。

しかも、どれがうまくいくかを決める「変数」も無限にあります。

組織を構成するメンバーの能力、タイプ、指向性、組織文化の種類・傾向、業界の慣行、社会や文化的な背景、社員間の人間関係やコミュニケーションのスタイル、商品力、ブランド力……、これらが複雑に絡み合っているため、**絶対的に成功する「ただ一つの正解」を特定することはできない**のです。

にもかかわらず、上司が「自分が正しい」「部下は間違っている」と、メサイア・コンプレックスを発動させてしまってはうまくいくはずはありません。

そもそも、この世の中には「ただ一つの正解などない」にもかかわらず、**「自分にとっての正解」を押しつけてくる上司がいたら、反発を覚えない部下はいない**でしょう。これこそが、「教示型」リーダーがうまくいかない根本的な理由ですらあるのです。

もちろん、先に述べたとおり、「教示」を「回避」することに本質的な意味はありません。そうではなく、**「ただ一つの正解などない」という基本的な認識をもち、部下と共に「正解」を創り出す**、「共創型」リーダーへと質的に展開する必要があるのです。

これこそが、リーダーに求められる哲学です。

「正解」は一つではなく複数ある。そして、一人ひとりが違う「正解」をもっていて、自分がもっている「正解」も数ある「正解」のうちの一つでしかない。こうした哲学を身につけることこそが、「教示型」と「回避型」の間を行ったり来たりする〝振り子〟の軌道から脱して、「共創型」リーダーへと質的転換を遂げる第一歩なのです。

もちろん、これは簡単なことではありません。しかし、不可能でもありません。時間をかけ練習を積み、失敗しながら成長していく。そうすれば誰でも必ずできるようになると僕は思います。

アドバイスしないリーダーになる――。

それは時代の要請であり、すでにその「新しいマネジメント、リーダーシップ」という波はすぐそこに来ているのですから。

6 「正解」を教えるより、「正解」を創り出す
――「ナレッジ・ワーク」におけるリーダーシップとは?

「ビジネスモデル」が変われば「リーダーシップ」も変わる

ここまでお読みになって、次のように感じていらっしゃる方がいるかもしれません。

「私は確かに〝教示型〟(もしくは〝回避型〟)に当てはまっているかもしれません。しかし、これまで私は会社で十分に成果を上げてきたし、部下もたくさん育成してきた。何も、しち面倒くさい〝共創型〟なんぞをやらなくても十分にやってこられたのです。だから、これからも今のままで大丈夫です」と。

たしかに、僕が企業研修で「〝教示型〟〝回避型〟から〝共創型〟への生まれ変わり」を説く度に、そのようにおっしゃる方は一定数いらっしゃいます。

そして、それら「教示型」「回避型」でうまくいっておられる方々にじっくり話を聴いたところ謎がとけました。なんと**彼らが活躍していた職場の大半は、〝昭和の職場〟だったのです。**

僕が定義する〝昭和の職場〟とは、右肩上がりの経済成長が当たり前だった時代に、欧米や日本のトップ製品・サービスのまねをして、より安く、早く、大量に生産することで成功してきた古いビジネスモデルと、それに最適化されたワークスタイルである「マニュアル・レイバー」の職場を指しています。

現在の日本経済は、「右肩上がり」とはほど遠い低成長ですが、それでも時代に合わせて生まれ変わることができず、いまだに〝昭和モデル〟のままで生き残っている企業もたくさんあります。

これらの職場におけるワークスタイルは、ピーター・ドラッカーが定義したように、マニュアルや上司からの指示に従い、単調な作業を繰り返す「マニュアル・レイバー」となります。

そして、このような「マニュアル・レイバー」に最適化されたのが〝昭和型〟の管理スタイル、つまりは「教示型」リーダーシップと「回避型」リーダーシップです。

たとえば、「教示型」でビシビシと指示を出す、中小企業の社長や本部長はいまでもたくさんいらっしゃるでしょう。なかには、一見すると〝平成・令和型〟のようなソフトな口調を心がけているけれど、本質的には「指示」と何も変わらない「アドバイス」を頻発するリーダーもいらっしゃるかもしれません。

そんな**〝昭和型〟リーダーと、「回避型」の中間管理職の組み合わせは、ある意味で完璧**です。なぜなら、「回避型」の中間管理職は、〝昭和型〟リーダーと現場の緩衝材としての機能を果たすからです。このような環境ではしち面倒くさい「共創型」リーダーシップなど必要ないばかりか、むしろ害悪。「教示型」と「回避型」こそが正義なのです。

ここからわかることは、「教示型」「回避型」はすべての場面で効果がないわけではないということです。むしろ、「マニュアル・レイバー型」の組織ではうまく機能していたのです。

「ナレッジ・ワーク」に最適化したリーダーシップ・スタイルとは？

しかし、確実に時代は変わりました。

〝昭和〟のビジネスモデルやマニュアル・レイバーは、ロボット、ＡＩなどにより駆逐されつつあります。

しかも、欧米や日本のトップ製品・サービスのまねをすればいいという、「答え」のある時代はとっくの昔に過ぎ去りました。現代は、テクノロジーや経済状況、地政学的環境、文化などが、驚くべきスピードで変化し続ける「答え」のない時代です。

そのような環境のなかで、リーダーや上司が、本来はありもしない「ただ一つの正解」を「教示」するという、「マニュアル・レイバー」で生き残ることなどできるはずがありません。

メンバー一人ひとりが、めまぐるしい外部環境の変化を敏感に感じ取りながら、主体的かつ自由にさまざまな知恵やアイデアを出し合い、時に建設的摩擦を起こしながらも、試行錯誤を重ねることによって、「革新的価値」を創造していく「ナレッジ・ワーク」こそが求められる時代なのです。

ところが、企業社会全体としては、「マニュアル・レイバー」から「ナレッジ・ワーク」へと、すでに生まれ変わっているにもかかわらず、「教示型」もしくは「回避型」リーダーシップが従来どおり横行しているのが現実です。**「ワークスタイル」だけが変わり、「リーダーシップ」は旧態依然のままというミスマッチが起きている**のです。

本書を読まれている皆さんのように、リーダーシップに高い関心をおもちの方であれば、ここまでの理論展開で、「リーダーシップ・スタイルも変わらなくてはうまくいかない」ということをよくご理解されていることと思います。

しかし、「頭」でそのように理解することと、これまで実践してきた「教示型」「回避型」リーダーシップを捨て去り、「共創型」リーダーシップを実践していくことの間には、大きな隔たりがあるのも現実です。

それは、かつて「教示型」と「回避型」の間を行ったり来たりしていた僕自身が、骨身に染みてわかっていることです。しかし、「ただ一つの正解などない」「自分は正解を知らない」という真理さえ認めることができれば、誰だって「共創型」リーダーへと質的転換を遂げることができます。これも、かつて〝昭和型〟リーダーだった僕が、確信をもってお伝えできることなのです。

	マニュアル・レイバー	ナレッジ・ワーク
	上司の指示やマニュアルなど明確かつ単調な作業の繰り返しが主であるワークスタイル	知識や情報を活用した新たな価値創造活動が主であるワークスタイル
仕事内容	管理者、監督者	コーチ、ファシリテーター、メンター
部下の役割	決められた手順で作業を行う	新たなアイデアに基づき価値創造を行う
変化対応	変化を嫌う	変化を歓迎し活かす
評価基準	作業量、納期、品質	成果の大きさ、イノベーション、創造性
雇用形態	正社員、パートなどの雇用契約	プロジェクトベース、フリーランスなど多様
方向性	上意下達	ネットワーク型
リーダースタイル	教示型、回避型	共創型

第3章

「部下育成」にアドバイスはいらない

1 「共創型」リーダー・個知課長の場合
——初期コーチングとも異なる「新しいスタイル」

いよいよ最後のマンガとなります。

登場するのは、個知課長。彼女は、これまでに登場した手市課長、温水課長とは異なるリーダーシップ・スタイルで、僕はそれを「共創型」リーダーシップと名づけました。

繰り返し述べてきたように、部下に対してストレートに「指導・アドバイス」する「教示型」（手市課長）と、それを避けようとする「回避型」（温水課長）は、一見したところ正反対のスタイルのように見えますが、その実態は、同じ軌道上に位置する〝同じ穴のムジナ〟にすぎません。

僕たちに求められているのは、その軌道から脱出して、全く次元の異なる「新しいリーダーシップ・スタイル」を獲得すること。それこそが、個知課長が体現する「共創型」なのです。それでは早速、個知課長と伸溜主任のミーティングを覗いてみましょう。

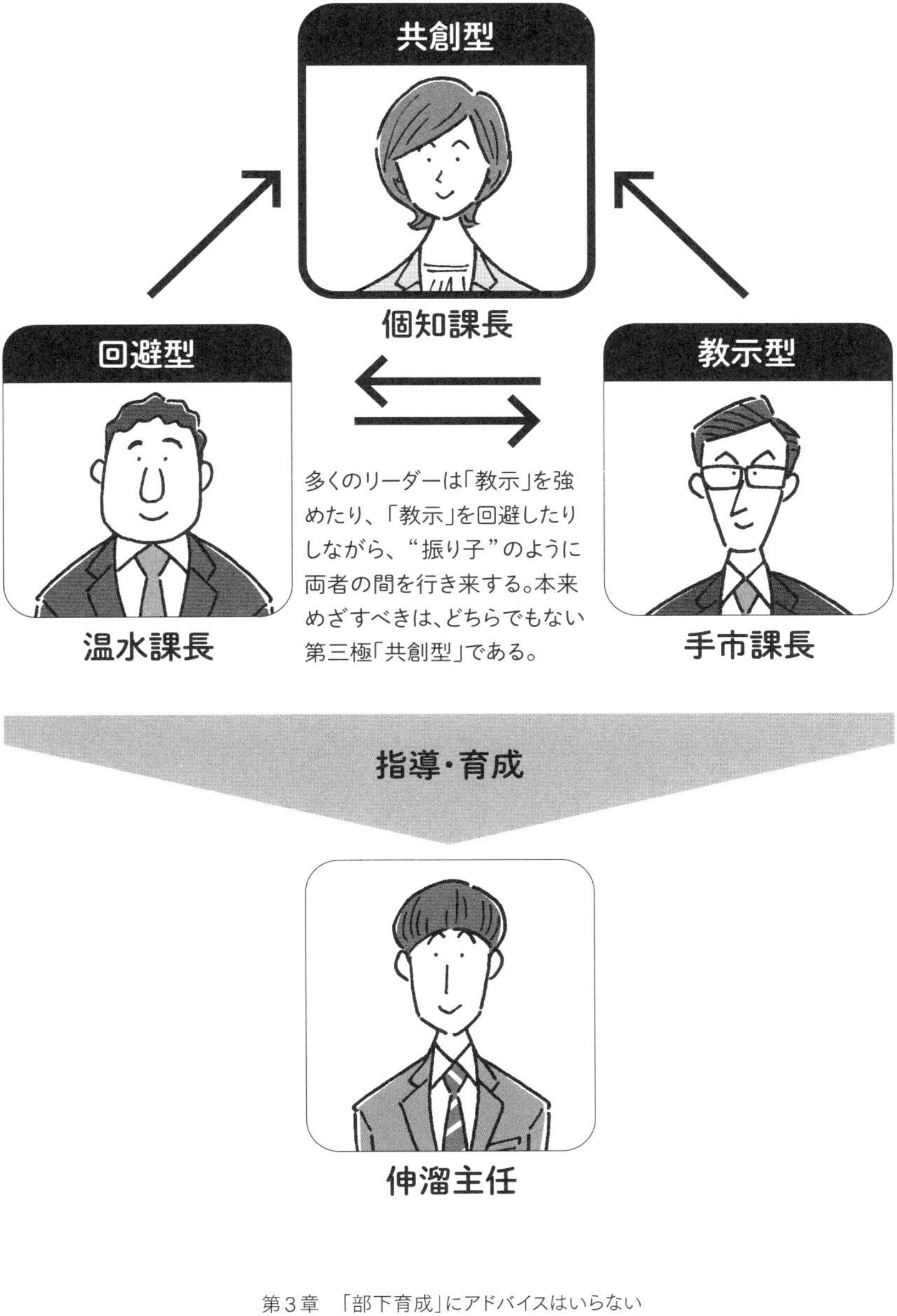
共創型
個知課長
回避型
教示型
多くのリーダーは「教示」を強めたり、「教示」を回避したりしながら、“振り子”のように両者の間を行き来する。本来めざすべきは、どちらでもない第三極「共創型」である。
温水課長
手市課長
指導・育成
伸溜主任

「共創型」リーダー・
個知課長の場合
ノビルさん お疲れ様。 セトル社の件、 まずは4～5社 コンペの一次予選 勝ち抜けおめでとう ございます。 頑張りましたね
ありがとう ございます。 センスさんにも ずいぶん助けて いただきました
センスさんに 来てもらう 段取りをしたのは ノビさんよね。 だとすれば、 それもノビさんの 成果の一つよ
えー、 そんな程度で 成果だなんて……
今回のような大きな 案件は上司を連れて 行くのも大切な 段取りの一つね。 残念ながら私は他の アポイントがあって 同席できなかった けど……
はい。 コーチさんに 同席していただけ なかったのは 残念でした。 スケジュールが どうしても 合わなくて

そうね。スケジュールが合わないのは仕方なかったわね
どうかしら。今、既に前回に関する振り返りのようになっているけれど。このまま続けもいいかしら。大切なことだと思うんだけど
はい。私もそう思います。振り返りをお願いします
了解。じゃあね、もしもノビさんが今、タイムマシンに乗れるとして…
え？タ、タイムマシン？突然どうしたんですか？
TIME
そう。タイムマシンがあって、それに乗って過去へ戻れるとして…
理想のプレゼン準備をやり直すとしたら、どのタイミングに戻って…
何をやり直し…してみたいかしら？
TIME

うーん…。やっぱりコーチさんには同行していただきたかったですよね……
前回は難題部長の都合にこちらが合わせたわよね。それだと中々予定が合わなかった……
そうか！逆にすればいいんだ。コーチさんが可能なスケジュールを先に伝えて、その範囲で調整をお願いすればよかったのか！
新人の頃はいつもそうやっていたのを思い出しました。反省です
なるほど。うっかりしていたのね
そして、今度はきっと…やり直せる
ハイ！
センスさんや制作部へ対する依頼の段取りはどうかしら。タイムマシンで過去へ戻れるとしたら……どうしたい？
あの日センスさんに同行してもらったのは確かによかったのですが……
TIME

本当は、事前に制作部へクリエイティブ案作成を依頼しておけば、もっとよかったんです……
確かにそうね。そして、それはやり方次第では可能だった、のかしら？
制作部は人が足りないんで、依頼は二週間前にすることになっているんです。前回は一週間前だったから、断られるかなぁ、と思って…
なるほど。それで頼まなかった、というわけね
そうなんです。直前に頼むとアフロ主任に叱られちゃうんで……
アフロ主任も部下に残業をさせないためにルールを決めているのね
それはわかるんですけど、二週間前は営業にとっては厳しいです。直前にアポイントが決まることも多いので
そうね。スケジュールは営業の都合というよりクライアントの都合だからね

それに、ライバルよりもプレゼン日程が遅れてしまうと不利になるし、最悪はコンペに参加できなくなっちゃうので
そうね。それは最悪ね…。
やはり依頼は無理だったのかしら…。
チラ
いえ、今回のような大がかりな案件は多少の無理は聞いてもらえるはずです
以前もやってもらったし…
無理をお願いしてみたら、アフロ主任はどんな反応をするかしら？
うーん、いい反応はないと思います。断られるか、呆れながらも仕方なく受けてくれるか……
ダメッ
×
それはノビさんが望む姿？

いいえ、違います。そんなことを繰り返したら、今後ますます頼みにくくなる
ん？
なに？
あ…
いえ…
無理を聞いてもらうからには、制作部にとってのメリットもほしいわよね
営業も制作も双方にメリットがあるWIN-WINを作るっていう観点はどうかしら
イエ〜〜イ！
WIN
WIN
確かにそうですね！うーん……制作部のメリットか……
制作部にとって嬉しいことって何かしら？
わーい
わーい
うーん。やっぱり会社から評価されることですかね
評価
A
A
それは大切ね。制作部の評価ポイント・ルールってどうなっていたかしら？

確か、社外・社内コンテスト入賞と、後は、コンペを勝ち抜いて決めた時の金額も評価されるはずです……
あ！そうか。今回のコンペで勝てれば、制作部も評価されることを、事前に強調して伝えておけばよかったかもしれません
なるほど……それに今、気づいたのね。さすがね
いや、さすが、という程では……
そうかぁ！そうしておけばセンスさんをバタバタさせることもなかったのに
もちろん、準備はできてございます！
なるほど。相手のためを思って遠慮したら、それがむしろ迷惑をかけてしまったのかもしれない……
難しいですね……
もし、やり直すとしたら、今度はどうしたい？どの方法がクライアントにとって、我が社にとって、そしていい方法かしら？

今度は事前の協力をお願いします。ただ頭を下げて無理を聞いてもらうんじゃなくて、制作部のメリットを強調してWIN-WINで。
そうね。もし、私がノビさんの立場だったとしたらきっと同じことをするわ
はい。次からそうします。迷っていたのがスッキリしました
うん。よかった。整理できてきたわね
ハイ
もう一つ次に活かせそうなことがあるんだけど……話してもいいかしら?
はい、もちろんです
クライアントの難題部長さん。広告のプロだけに、正直やりにくかったわよね
はい。ちょっとびびってしまいました…
でも、彼が求めていることは明確よね。そういう意味ではやりやすい
はい。とにかく〝エビデンス〟〝エビデンス〟一本槍です

では、三回目のタイムマシンに乗ってみましょうか?
わかりました。乗ってみますね、ヨイショっと
TIME
難題部長から〝素晴らしいプレゼンだ!〟と言ってもらうためには、どの時点に戻って何をやり直す?
えーっと〝エビデンス〟を強調したプレゼンをしなくちゃならないから…
そうね。インプレッション数やコンバージョン率ね
うーん……。やっぱり〝成功事例〟の数値を出すのがいちばん説得力がありますね。〝共有くん〟のデータ数値をプレゼン資料に入れ込んでおくべきでした
そうね。じゃあ、その資料を使う順番はどの段階がベストかしら?
……
ちなみに実際はどのタイミングで発表したの?

えっと……。プレゼンが終わって質疑応答の場面でした
なるほどぉ。それだと難題部長はいちばん気になっている〝エビデンス〟を最後まで聞けなかったわけね
確かに……難題部長イライラしてたかもしれませんね
そうね！そうやって、相手の気持ちを想像しながらプレゼンできていれば、その場で気がつけたかもね
反省だらけです……
やり直すとすると……今度はプレゼンのどの段階で〝共有くん〟の事例と〝エビデンス〟を話すかしら？
そうですね…。もしかしたら、広告媒体の説明は不要だったかもしれません
ほぉ、なるほど……
で、最初から〝共有くん〟の展開事例を動画や写真で見ていただいて…同時に〝エビデンス〟数値もスクリーンに映し出して……
うん、うん

その上で、制作部門にあらかじめお願いして作っておいた、〝精算お任せあれ〟のクリエイティブ案をプレゼンする。
うん、そうすればよかったです
そうかぁ。これが相手のタイプに合わせて進め方を変える……ということかぁ
そうね。そういう考え方は今後、とても大切だと思うわ
さあ、それではまとめてみましょうか。今回の体験を次回以降に活かすために、教訓として残すべきノウハウは？キャッチフレーズ風にまとめてみましょうか
はい。まずは、①アポイント設定は相手の言いなりでなくこちらの都合を先に伝えて調整をお願いする
その通りね。次は？
②プレゼン時にはできるだけ制作に事前にクリエイティブ案を作ってもらって持っていく。依頼する際には制作部のメリットを伝えWIN-WINを心がける
いいわね！とてもまとまっている
③プレゼン時には先方決裁者が大切にしていることを真っ先に事例形式で伝える。相手が詳しい場合は媒体説明は省いてよし
バッチリ！ね

はい！これで次回からはもっとレベルアップできそうです
頼りになるわぁ。このノウハウ、後輩たちにも教えてあげましょうよ。独り占めなんてもったいない
ノウハウ
もちろんです！次回のチームミーティングで発表させてください
それでこそ主任。チーム・リーダーとして後輩たちに影響力を与えることが求められているものね
はい！もっともっと、後輩たちに教えてあげられるよう率先して頑張ります
さぁーすがぁ～！
へへ…

個知課長のマンガをご覧になっていかがだったでしょうか？

これまで手市課長、温水課長と続いた〝昭和型〟のスタイルとは、かなり異なるニュアンスを感じていただけたのではないかと思います。

もしかすると、皆さんのなかには、この個知課長のスタイル、すなわち「共創型」リーダーシップが、1990年代に日本へ輸入された「コーチング」の技法に似ていると感じた方もいらっしゃるかもしれません。

もちろん、個知課長のスタイルのかなりの部分で「コーチングの技法」が使われていま す。だからといって、それは当時の「コーチングの技法」をそのままなぞっているわけではありません。その技法をベースとしながらも、そこに、さまざまなカウンセリングの理論や技法を盛り込み、これまでとは異なるスタイルとなっているのです*。

「共創型」とは何か？

「教示型」や「回避型」のように、上司が知っている「正解」を部下に教えたり、伝えたりするのではなく、読んで字の如く、**上司が部下と対等な目線で、共に「正解」を創り上げるというリーダーシップ・スタイル**です。

「教示型」＆「回避型」のティーチングが、
「上司」の正解を「伝える」ことであり、
１９９０年代に輸入された初期のコーチングが
「部下」の正解を「引き出す」ことだとすれば、
本書が提案する新しいスタイルの「共創型」は、
「上司と部下」で「まだ存在しない正解」を「共創する」こと
と言えるでしょう。

では、ここからは、マンガをワンシーンごとに分解提示しながら、「共創型」のリーダーシップ・スタイルの「本質」と「技法」を解説してまいります。また、最後には、それらを７つのステップに統合してチャート図にまとめます。ぜひじっくりとご覧下さい。

＊コーチングには数百とも言われるさまざまな流派があり、そのなかにはある種のカウンセリング技法を取り込み、本書と重複があるものもあるようです。

2 相手を叱りながら「教育」はできない
――部下の「できている点」をリソースとして活用する

アドラー心理学の勇気づけの技法「正の注目」

個知課長は、ミーティングの開始早々、伸溜主任にこう伝えました。

「センスさんに来てもらう段取りをしたのはノビさんよね。だとすれば、それもノビさんの成果の一つよ」

いわば個知課長は、「センス取締役に同行してもらう段取りをつけた」という、一見すればたいした手柄でもないことがらに焦点を当てたわけです。

あるいは、別のシーンでは、「コンペで勝てれば、制作部も評価される。そのことを、

シーン①

センスさんに来てもらう段取りをしたのはノビさんよね。だとすれば、それもノビさんの成果の一つよ
えー、そんな程度で成果だなんて……

シーン②

あ！そうか。今回のコンペで勝てれば、制作部も評価されることを、事前に強調して伝えておけばよかったかもしれません
金
なるほど……それに今、気づいたのね。さすがね
いや、さすが、という程では……

伸溜主任の「問題点」を指摘するのではなく、「できていること」に焦点をあて、それをリソースとして上手に活用しています。

もっと強調して伝えれば、制作部の協力を得られたはず」ということに気づいた伸溜主任に対して、個知課長は、「それに、今気づいたのね。さすがね」というポジティブな言葉をかけています。

これは、アドラー心理学における勇気づけ技法である「正の注目」です。**「正の注目」とは、相手の「よい側面」を探し出し、それを伝えること。そのポイントは、「一見すれば誰でもできそうな当たり前のこと」をも対象とすることです。**

これは何も、相手に媚びる〝おためごかし〟ではありません。

上司と部下が「まだ存在しない正解」を共に創り上げるには、伸溜主任の「できていること」をリソース（資源）として創り上げるしかないのです。つまり個知課長は、媚びへつらっているのではなく、「答え探し」の出発点を明示していると言えるのです。

「問題点を取り除く」よりも、「できていることを伸ばす」方がよい

皆さんは、「まだ存在しない正解」を創り出すための出発点として、相手の「問題点」を指摘するのと、「できている点」を指摘するのと、どちらが有効だと思いますか？

より厳密に言えば、「〝問題点〟を指摘し、それを取り除く」というアプローチを取るのか、「〝できている点〟を伝え、それを伸ばしていく」というアプローチを取るのか。どちらが効果的かという問題です。

その「答え」は、言うまでもないですね。

「問題点の指摘」から始めた手市課長のアプローチにより、伸溜主任のマイナス感情、すなわち怒り、悲しみ、悔しさなどが引き起こされました。これが、彼の学習や意欲の向上を阻害し、「反発」と「無気力」を生み出したのは記憶に新しいことと思います。

一方で、個知課長は最初に、伸溜主任に「できている点」を伝えたうえに、ミーティングのなかでも「できたこと」を指摘して、それを伸ばすというアプローチを取りました。それにより、伸溜主任はさまざまなことに気づき、仕事に対するモチベーションを高めていきました。

つまり、**「問題点」を指摘するよりも、「できている点」を指摘する方が、明らかに効果**

的なのです。

しかし、このように明白な違いを目の当たりにした後でさえ、まだ「問題指摘型アプローチ」にこだわる人がいます。「そんな甘っちょろいことで人は育たない」という凝り固まった信念をもっているのです。そして、そんな彼らの主張にじっくりと耳を傾けると、ある観点に囚われていることがわかります。

それは、**「自分が『できていない問題』に向き合い、反省しなければならない」という〝反省信者〟の考え方**です。

しかし、無理やり「できていない問題」に直面させられ、反省を強いられることによって、マイナス感情に支配されたままでは、「理性」を使って学習することは不可能であることは、第1章でバイオ・サイコ・ソーシャルの3つの観点から詳しくご説明したとおりです。部下の「問題」を指摘して、「反省」させようとすることは、効果が薄い非科学的な行為なのです。

「部下はどう感じるか」という イマジネーションを働かせる

それでもなお、「指摘され、アドバイスされることがそんなに問題とは思えない。私自身、上司にビシビシ指導されたお陰で今がある。感謝こそすれ、上司に反発したり、無気力になったことなど一度もなかったよ」という方もいらっしゃることでしょう。

おめでとうございます。

あなたは、たいへんラッキーだったのです。

おそらくあなたは、幼少期から、ご家族や学校の教師、友人などに恵まれ、「自己肯定感」を高く積み重ねて来られたのでしょう。

そして、その「自己肯定感」に護られて、順調に御自身も努力することができた。学業やスポーツや友人との社交関係もうまくいった。そして、会社にも上司にも恵まれてきた。

だからこそ、**時に厳しい「指摘」や「指導」を受けても、それをポジティブに受け止めることができた**のではないでしょうか。

つまり、**希有な環境に恵まれてきたからこそ、「上司に反発したり、無気力になったこ**

となど一度もなかった」とおっしゃるのではないかと拝察いたします。それは素晴らしいことだと思います。しかし、あなた以外のいわゆる普通の人は、そうではないのです。

「生存者バイアス」という言葉を聞いたことがあるでしょうか？

ものごとを見るときに、うまくいったことばかりに注目し、失敗したことから目を背け、いびつな情報をもとに判断をしてしまうことです。いわゆる「強者の理論」です。

僕たちが、「部下育成」や「コミュニケーション」を考える際に忘れてはならないのは、「自分はこうだった」と考えるのではなく、**「自分とは生まれも育ちも性格も能力も異なる部下は、どのように感じるだろうか」というイマジネーション**を働かせることなのです。

その際に、本書が提案する多面的な視点が少なからずお役に立てるはずだと思っています。

上司が陥りやすい「処罰欲求」依存とは？

それだけではありません。

〝反省信者〟の方々に気づいていただきたいのは、自分自身がもっている**「処罰欲求」依存という問題**です。

僕たち**人間は、「相手に反省させたい」という処罰欲求をもつ動物**です。そして、これを繰り返すと「処罰依存」になり、**自分の快感のために「相手の問題」を指摘したくなってしまう**のです。

人は、誰かに対して「問題指摘」をするときに、脳内に快感物質であるドーパミンや、男性ホルモンの一種であるテストステロンが分泌され、「優越感」と「自己効力感」を感じます。

また、「問題指摘」をする自分に陶酔して、「自分は相手のためを思って言っているのだ」と錯覚することで、愛情ホルモンであるオキシトシンまでも分泌され、その「快感」を増幅させるのです。

このように、**「処罰依存」に陥った人間は、「快感」を得るために、「相手のために」と言い訳しながら、「問題指摘」や「アドバイス」を繰り返してしまう**のです。だから、僕は、「部下の問題」を指摘しようとする前に、上司の側が「アドバイスしたい病」の問題点に気づくべきだと思うのです。

相手を叱りながら、「教育」することはできない

そして、部下の「問題」を指摘するのではなく、部下の「よい面」「できている点」を指摘する「正の注目」を心がけるのです。

すでに述べたように、「一見すれば誰でもできそうな当たり前のこと」でいいのですから、どんなに「問題」が多いように見える部下であっても、必ず「正の注目」をすることは可能です。

これができれば、**上司と部下の間に「安全安心」をもたらし、両者の間に「信頼関係」を形成する**ことにも役立ちます。アドラーは生前に、講演で次のようなメッセージを聴衆に伝えています。

相手を叱りながら教育することはできない。
信頼関係を壊してから「教えてあげよう」と言っても、
相手が拒絶するからだ。

これを、次のように言い換えてもいいでしょう。

相手との「信頼関係」こそが、「教育」が成り立つ大前提である「相談的枠組」なのだ、と。この「相談的枠組」を成り立たせるためには、部下の「問題」を指摘するのではなく、まず「正の注目」から始めなければならないのです。

その意味で、**部下の「よい面」「できている点」は、上司と部下の信頼関係づくりにおける大切な「リソース」**であるとも言えます。そして、「共創型」リーダーである個知課長は、その貴重な「リソース」を最大限に活かしているのです。

3 うまくいかない「原因」を分析しない

――職場の問題は「原因論」ではなく、「目的論」で解決する

「問題」を解決するために、「原因分析」は必要なのか？

先ほど僕は、「問題指摘型アプローチ」に対してあえて「問題指摘」をしましたが、本項では、このテーマをさらに深く掘り下げてみたいと思います*。

「問題指摘型アプローチ」は、今もなお「育成」における主流の考え方ですが、「上司部下」関係など職場にネガティブな影響を与えていることを、まずは共有したいと思います。

人間関係が良好で、生産性の高い組織・チームをつくるためには、この問題を克服する必要があると、僕は確信しているのです。

どういうことか？

順を追って説明していきます。

まず指摘しておきたいのは、**「問題指摘型アプローチ」にこだわる人は、「解決策を導き出すためには、必ず『問題の明確化』と『原因分析』が必要である」という観念に囚われている**ということです。その典型が、「なぜ？」を3回繰り返すことを信条とする、「なぜなぜアプローチ信者」と言えるでしょう。

この考え方は、一見正しいように見えます。

しかし、「論理的思考に必須」と言われてきたこのアプローチは、実は〝昭和型〟の思考法で、「マニュアル・レイバー」時代の遺物にすぎません。なぜなら、この**「なぜなぜアプローチ」が当てはまるのは、比較的単純な「問題解決」だけで、因果関係が複雑にからんだ「問題解決」には適用できない**からです。

あるいは、これは物理学的なアプローチであり、ベルトコンベアーや工作機械を扱う「マニュアル・レイバー」中心の環境では有効ですが、人間主体の創造性を求められる

「ナレッジ・ワーク」中心の職場では、うまく当てはまらないと言ってもいいでしょう。

もっと言えば、**「最近、チームの雰囲気が暗い」「職場の人間関係がギスギスしている」「あの部下との関係性が悪化している」といった職場の問題も、因果関係が微妙かつ複雑なだけに、物理学的なアプローチでは対処不能**と言えそうです。

さて、このような「問題を生み出している原因を特定して、それを取り除く」というアプローチを、アドラー心理学では「原因論」と呼び、その逆に当たる「『よい意図＝目的』を探し、その解決法を共に探す」というアプローチを「目的論」と呼びます。

このことから、以下の結論が導き出せます。すなわち、**「教示型」と「回避型」は、「原因論」に立脚したリーダーシップ・スタイルであり、僕が提案している「共創型」は、まさにこの「目的論」に立脚したスタイルである**というわけです。

「複雑な問題」を解決する、たった一つの「思考法」とは？

「原因論」の考え方が近いのは、医療における「感染症モデル」と言われています。

	原因論	目的論
医療モデル	感染症モデル	成人病モデル
症例	風邪、インフルエンザ	ガン、糖尿病
アプローチ	問題と原因探し→原因除去	目的と解決探し→解決試行
因果関係	一因一果	多因一果
職場例	プログラムのバグ除去 生産ラインの問題除去	モチベーションが上がらない 会議で意見が出ない
対象	機械	人間
問題種別	単純な問題	複雑な問題
ワークスタイル	マニュアル・レイバー	ナレッジ・ワーク

「原因論」で対処できるのは、単純な問題だけです。人間が絡むような複雑な問題に取り組むときには、「目的論」で対処する必要があります。

具体的には、風邪やインフルエンザ、コロナなど、ウイルスが引き起こす問題への対処法のことで、この場合、有効な措置は「ウイルス＝問題の原因」の特定と除去です。つまり、「原因探し」と「原因除去」こそが有効だということになります。

一方で、「目的論」の考え方が近いのは、医療における「成人病モデル」と言われています。

具体的には、ガンや糖尿病や高血圧などの成人病への対処法のことですが、こうした成人病の原因は、ウイルスのようにわかりやすく特定できるわけではなく、複数の原因が複雑にからみあっているのが常です。だから、「原因探し」と「原因除去」という「原因論」では、適切に対処することができないのです。

ガンを例に考えてみましょう。

ガンの原因としては、「遺伝」「ストレス」「食事」「睡眠」「運動不足」などさまざまなものが挙げられますが、現代医療においては、どれか一つの原因を特定するようなことはしません。なぜならば、さまざまな原因が複雑に絡み合って、ガンという病気が発症しているからです。

たとえば、「ストレス」が高いと、「睡眠」や「食生活」が乱れることは広く知られていますが、一方で、「睡眠」や「食生活」が乱れることで、「ストレス」が高まるという逆の因果関係もあります。このように因果関係が複雑に絡み合い、かつ**原因が一つでなく複数ある場合、「原因の特定」に意味はない**のです。

「できること」を片っ端から試す

では、どうすればいいのか？

「原因の特定」をする暇があるならば、「実施可能な対策」を片っ端から実行に移すことです。手術に耐えられるなら病巣を取り除く。あるいは、可能であれば、放射線、抗ガン剤、など、打てる手をすべて打っていくのです。

また、抗ガン剤には数百種類もありますから、そのなかでどれが効くかをあらかじめ特定することはできません。だから、まずは効果がありそうなものを試して、合わなければ別の抗ガン剤に切り替えていったほうがいいでしょう。

これこそが、「目的論」の考え方です。

「ガンの原因探し」には目を向けず、「ガンを治す」という「目的」を明確にしたうえで、その「目的」を達成する解決策（ソリューション）にだけフォーカス。そして、「できること」を片っ端から実行することで、「解決策」を見出す。この**「目的論」こそが、「原因」を特定することができない「複雑な問題」に対する、有効なアプローチ**なのです。

“Do More”と“Do Something Different”

この「目的論」に立脚した心理療法の代表的なものに、「解決志向ブリーフセラピー（通称ソリューション・フォーカスト・アプローチ）」があります。

この心理療法による治療においても、先の「成人病モデル」と同様に「原因分析」をせずに、「可能な解決策」を片っ端から試してみるというアプローチを取ります。

有名な事例をご紹介しましょう。

ある女性が診療所を訪れ、「歯ぎしりに苦しみ、歯がボロボロになってしまった」と訴えたそうです。その際、「解決志向ブリーフセラピー」においては、一切「原因分析」せずに、いきなり解決を試みます。
そして、このときは、「とりあえずベッドの位置を夫婦で逆にしてみましょうか」という解決策を提案。すると、驚くべきことに、それが効きました。ベッドの位置を逆にしただけで、歯ぎしりが消えたのです。もちろん、原因は誰にもわかりません。しかし、解決した。だったら、「それでよし」とするのです。

つまり、こういうことです。
「歯ぎしりを止める」という「目的」のもと、可能な対策を実行する。そして、試行錯誤を繰り返すなかから、ある対策に効果があれば、それをさらに増やしてみるのです。

これを「解決志向ブリーフセラピー」では、
Do More（もっとやる） と言います。
そして、効果がなければ、それをやめて、他の何かを試してみる。つまり、
Do Something Different（何か別なことをやってみる） に切り替えます。
これを何度も繰り返すのです。

職場の問題は「目的論」で解決する

これは、現代のビジネスも同じです。

かつての高度経済成長期のように、欧米や日本のトップ製品・サービスのまねをすればいいという時代であれば、「原因論」でもアプローチすることができたでしょうが、そんな「正解」のある時代はとっくの昔に過ぎ去りました

現代のような先が読めないＶＵＣＡな時代――"Volatility"（変動性）、"Uncertainty"（不確実性）、"Complexity"（複雑性）、"Ambiguity"（曖昧性）――に合ったアプローチは、「原因論」ではなく「目的論」にほかなりません。

あるいは、「最近、チームの雰囲気が暗い」「職場の人間関係がギスギスしている」「あの部下との関係性が悪化している」といった職場の問題を解決するために有効なのも、「原因論」ではなく「目的論」です。

このような人間関係にかかわる問題の背景には、きわめて複雑な事情が絡み合っていますから、「原因」を特定することなどできるはずがありません。むしろ、このような問題に「原因論」でアプローチしようとすれば、かえって問題を悪化させかねません。なぜな

ら、**「原因を特定」するプロセスで、「あいつが悪い」「いや、こいつが悪い」といった議論に陥りがち**だからです。

それよりも、「みんなで楽しく力を合わせて、成果を上げる」ことを目的に設定したうえで、「できること」を片っ端から実行していくのが正解です。

そのような職場をつくるためには、**リーダー自身が「目的論」に立脚したうえで、「問題指摘型アプローチ」から脱却する**ことが欠かせません。それこそが、人間関係が良好で、生産性の高い組織・チームをつくる、「共創型」リーダーの基本スタンスなのです。

＊本書は書籍という形式上、読者の皆さんと対話しながら「共創」することができませんので、文章の形式が趣旨と矛盾する「教示」になってしまう点をご理解いただければ幸いです。

4 対話のなかから「重要な意味」を取り出す

――「意味の明確化」と「意味の反射」

相手がまだ気づいていない「重要なポイント」に焦点を当てる

左のページのマンガをご覧ください。

個知課長と伸溜主任のミーティング冒頭のワンシーンですが、実はここで個知課長は、「意味の明確化」というカウンセリングにおける基本的で重要な技法を活用しています。

この「意味の明確化」（Clarification of meaning）とは、アメリカの心理学者であるアレン・アイビーが創始した「マイクロ・カウンセリング」のなかで提唱したもので、**「相手がまだ気づいていない重要な意味づけを対話のなかから取り出し、ポイントとして共有**

会話の流れのなかで、自然な形で「上司を連れていくのも大切な段取り」という重要ポイントを指摘しています。

する」という技法です。

具体的に見てみましょう。

伸溜主任「センスさんにもずいぶん助けていただきました」

個知課長「センスさんに来てもらう段取りをしたのはノビさんよね。だとすれば、それもノビさんの成果の一つよ」

伸溜主任「え〜？　そんな程度で成果だなんて」

個知課長「今回のような大きな案件は上司を連れていくのも大切な段取りの一つね。残念ながら、私は他のアポイントがあって同席できなかったけど……」

ここで「意味の明確化」に当たるのは、「今回のような大きな案件は上司を連れていくのも大切な段取りの一つね」という個知課長の発言です。

それまでの対話のなかで、伸溜主任は「センスさんにもずいぶん助けていただきました」と言いながらも、「え〜？　そんな程度で成果だなんて」と、そこに重要な意味があることを認識していませんでした。

そこで、個知課長は、伸溜主任がまだ気づいていない、「上司を連れていくのも大切な段取りの一つ」という重要な意味を、対話のなかからすくい上げて、二人の間で共有したというわけです。

その後、個知課長の「残念ながら、私は他のアポイントがあって同席できなかったけど……」という言葉をきっかけに、二人は一緒に、「上司とスケジュールを合わせる段取りの仕方」について対話を重ねていきますが、その流れを生み出したのは、個知課長が「上司を連れていくのも大切な段取りの一つ」であると「意味の明確化」を行ったからだと言えるでしょう。

対話のなかから「キーワード」をすくい上げる

マンガの後半部分でも、「意味の明確化」が行われています（次々ページ参照）。

このときの対話における主要テーマは、「どうすれば、亜布呂《アフロ》主任に仕事を引き受けてもらえたか？」ということでしたから、伸溜主任が「今回のコンペで勝てれば、制作部も評価されることを強調すればよかった」と気づいたことで、すでに「収穫」はあったと言うことができます。

ところが、伸溜主任が「そうしておけばセンスさんをバタバタさせることもなかったのに」と反省の弁を述べたのを、個知課長は見逃しませんでした。「相手のためを思って遠慮したら、それがむしろ迷惑をかけてしまったかもしれない……」と、**伸溜主任の言葉に対して「意味づけ」を行った**のです。これもまた、「意味の明確化」と言えるでしょう。

そして、この「意味の明確化」を受けて、伸溜主任は「今度は、事前の協力をお願いします。ただ、無理を聞いてもらうんじゃなくてWIN－WINで」と発言。「意味の明確化」が伸溜主任の気づきを促し、今後の「行動指針」がまた一つ明確になったというわけです。

このように、**「意味の明確化」は、対話を通じて、相手に「気づき」を促したり、共に「正解」を創り出すうえで、非常に効果的な技法**なのです。

ここで大切なのは、**意味を取り出す際には、必ず二人の対話のなかからキーワードをすくい上げる**ということです。

つまり、上司の頭のなかにすでにある「正解」を唐突に取り出すのではなく、対話のな

確か、社外・社内コンテスト入賞と、後は、コンペを勝ち抜いて決めた時の金額も評価されるはずです……
金
あ！そうか。今回のコンペで勝てれば、制作部も評価されることを、事前に強調して伝えておけばよかったかもしれません
金
なるほど……それに今、気づいたのね。さすがね
いや、さすが、という程では……
そうかぁ！そうしておけばセンスさんをバタバタさせることもなかったのに
もちろん、準備はできてございます！
なるほど。相手のためを思って遠慮したら、それがむしろ迷惑をかけてしまったのかもしれない……
難しいですね……
伸溜主任の話を受けて、「遠慮をしたら、むしろ迷惑をかけてしまう」というポイントをさりげなく取り出しています。

かからすくい上げたキーワードをもとに、「まだ存在していない意味」を〝今、その場で〟二人で創り上げるということ。だからこそ、それは**一方通行の「教示」に陥ることなく、上司と部下の共同作業となり、部下の「主体性」や「オーナーシップ」が芽生えてくる**のです。

相手が口にした言葉を「オウム返し」にする

なお、「マイクロ・カウンセリング」には、この「意味の明確化」のほかにも、**「意味の反射」**（Reflection of meaning）という効果的な技法があります。これは、**「相手が話した重要な意味、ポイントをオウム返しで繰り返すことにより、大切なポイントに意識を向ける」**というものです。

「意味の明確化」が、相手が話したことの「重要な意味」を、自分の言葉として伝えるのに対して、「意味の反射」は、相手が口にした言葉をそのまま「オウム返し」することで、相手にその言葉の「重要性」を意識させることに特徴があります。

たとえば、こんなイメージです。

部下「あの取引先は、いつも急に仕様変更を言ってくるので困っています」
上司「へぇ、いつも急に言ってくるんですね？」
部下「あ、いえ……、正確には、いつも、というわけではないですが……」
上司「ほぉ、では、どういうときに言ってくるんでしょうね？」

ここで上司は、「教示・アドバイス」に類することは一言も口にせず、単に、「いつも」という言葉を「オウム返し」しただけです。しかし、**この問いかけによって、部下は、「取引先が急に仕様変更を言ってくる理由」を考えるきっかけを与えられた**わけです。

このように、「意味の明確化」や「意味の反射」といった技法を活用することで、部下との「対話」を深め、「気づき」のきっかけをつくることができます。

これは、「教示型」リーダーには成し得ないことであり、「共創型」リーダーの真骨頂とも言えるでしょう。そして、**上司が一方的に「正解」を伝えるのではなく、「共創」するからこそ、部下の「自立」「自律」へつながる**のです。

5 部下が「自分の言葉」を見つけるのを見守る

――「対話」によって〝まだ存在しない意味〟を創出する

人間は「理解したこと」を表現しているのか？

「体験過程」という言葉をご存知でしょうか？

これは、哲学者であり現代カウンセリングの基礎を築いた偉人カール・ロジャーズの研究パートナーであったユージン・ジェンドリンが、哲学者ディルタイの考え方にヒントを得て提唱した理論です。

通常、僕たちは、「体験→理解（気づき）→表現」という順番でコミュニケーションをしていると思っています。

つまり、僕たちは何かを「体験」したことによって、何かを「理解（気づき）」し、それを「表現」しているということです。言い方を換えると、表現する「言葉の意味」は、僕たちのなかに「すでにあり」、それが発露されるのが「表現」であるという考え方です。

しかし、ジェンドリンは「そうではない」と考えました。

それが「体験過程」、すなわち僕たち人間は**「体験→表現→理解（気づき）」という順番でコミュニケーションをしている**ことを発見したのです。

人は、「体験」をした段階では、まだその「体験」がもつ「意味」や、「体験」がもたらした「気づき」を理解できてはいません。そして、考えがまとまっていないまま、言葉にならない何か（フェルトセンス）を言葉で表現するのです。

そして、**言葉にしながら、だんだんと自分が言いたかったことに自分自身で気づいていく。**ジェンドリンは、その気づきの瞬間を「フェルトシフト」と呼び、そのプロセス全体を「体験過程」と呼んだのです。

「フェルトセンス」という言葉は耳慣れないかもしれません。

たとえば、何か気がかりなことがある状況において、僕たちはうまく言葉にできないような「感覚」を覚えますね？

それは「胃がずーんと重いような感覚」として表現されるかもしれませんし、「背中がぞわぞわとする感じ」と言う人もいるでしょうし、「通りの角から魔女にのぞき込まれているような感じ」や「砂時計の砂がもうすぐ落ち切ってしまいそうな感じ」などメタファー（比喩）として表現されることもあるでしょう。このように表現された「感覚」をフェルトセンスと呼ぶのです。

そして、対話をするなかで、相手の口からフェルトセンスが出てきたら、「それって、○○を××するときのような感じなのでしょうか？」などと相手の表現を響かせるように問いかけると、先ほど出てきた「フェルトセンスの言葉」が新たに更新されます。それを繰り返しているうちに、ふっとその正体がわかる瞬間が訪れるのです。

たとえば、こんなふうに……。

「そうか。砂時計のように残り時間をサラサラと心のなかでカウントダウンして（フェルトセンス）、焦っている（感情）、いや心配している（感情の更新）、……違う。砂が落ち切ってしまう寂しさ（感情の更新）……。そう、これだ。あー、『人生、残り少ない』という

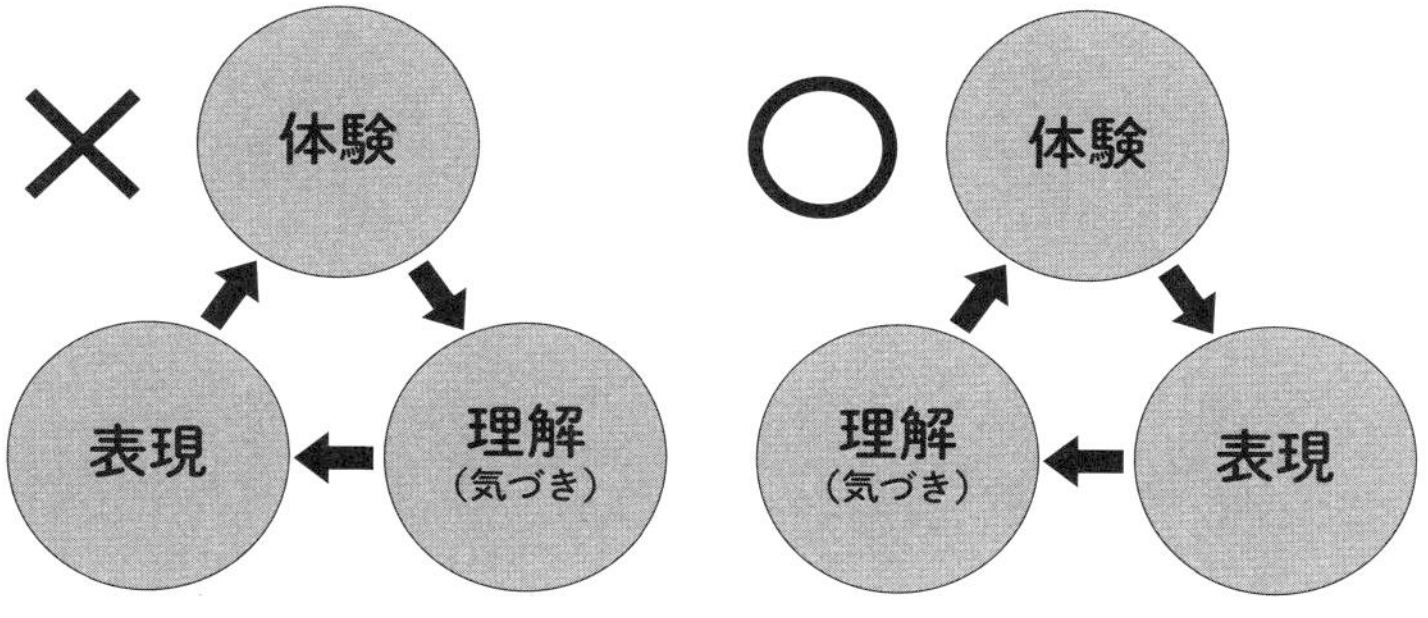

人は、「体験」をした段階では、まだその「体験」がもつ「意味」を理解できてはいません。そして、考えがまとまっていないまま、それを言葉にしようとするなかで、だんだんと自分が言いたかったことに自分自身で気づいていくのです。

つまり、人は「体験→表現→理解（気づき）」というプロセスでコミュニケーションをしているのです。

老いを感じて、寂しくなっていたのか！　そうか、うん。そうだ。そうだったのか……」

人間は「話し」ながら、「理解」を創造している

これは、僕たちの実感にも合致するのではないでしょうか？

たしかに僕たちは、**何かを「体験」したあと、頭のなかがモヤモヤした状態で話し始め、自分のなかでまとまっていない何かを言葉で表現しようとするなかで、「あー、そう、そう！　私が言いたかったのはそういうこと！」と、だんだんと自分が体験したことの「意味」や「言いたかったこと」に自分自身で気づいていく**のです。

マンガのなかの伸溜主任もそうです。

たとえば、次ページのシーンは、個知課長との対話（表現）を進めるなかで、伸溜主任が、セトル社でのプレゼン（体験）を振り返りながら、「どうすべきだったのか？」について理解（気づき）を深めている場面です。

手市課長に「セトル社でのプレゼンの問題点」についてビシビシと指摘されたときには、心理的な防衛機制が発動して、それを素直に受け止めることができませんでしたが、伸溜

伸溜主任は、個知課長が創り出す「安全安心の場」で、「自分はこういうプレゼンをすればよかったのか」と、「正解」をその場で創り上げています。

主任の**「安全安心」を大切にする個知課長の前では、自ら「プレゼンの問題点」を認めたうえで、「どうすべきだったのか？」と考えを深めています。**

ここで注目したいのは、個知課長のスタンスです。

彼女は、このシーンに至る直前には、「その資料を使う順番は、どの段階がベストかしら？」「ちなみに、実際はどのタイミングで発表したの？」などと問いかけることで、対話のテーマを「プレゼンを進める手順」に焦点化していきましたが、**伸溜主任がそのテーマに沿って自らの思考を深め始めると、「なるほど」「うん、うん」などと、「相槌」に終始するようになります。**

「安全安心」の空気感で、部下を包み込む

このときの伸溜主任は、頭のなかがモヤモヤした状態で、自分のなかでまとまっていない何かを言葉で表現しようとしている段階です。

マンガではそこまで描き込みませんでしたが、おそらく、実際には、**「うーん……」「なんというか……」「えーっと……」などと、なかなか言葉にならずに悶々としていること**

郵便はがき

料金受取人払郵便

渋谷局承認

2196

差出有効期間
2026年12月
31日まで
※切手を貼らずに
お出しください

150-8790

130

〈受取人〉
東京都渋谷区
神宮前 6-12-17
株式会社ダイヤモンド社
「愛読者クラブ」行

本書をご購入くださり、誠にありがとうございます。
今後の企画の参考とさせていただきますので、表裏面の項目について選択・ご記入いただければ幸いです。

ご感想等はウェブでも受付中です（抽選で書籍プレゼントあり）▶

年齢	（　　　）歳	性別	男性 ／ 女性 ／ その他
お住まいの地域	（　　　）都道府県　（　　　）市区町村		
職業	会社員　経営者　公務員　教員・研究者　学生　主婦 自営業　無職　その他（　　　）		
業種	製造　インフラ関連　金融・保険　不動産・ゼネコン　商社・卸売 小売・外食・サービス　運輸　情報通信　マスコミ　教育 医療・福祉　公務　その他（　　　）		

DIAMOND 愛読者クラブ　メルマガ無料登録はこちら▶

書籍をもっと楽しむための情報をいち早くお届けします。ぜひご登録ください！

- 「読みたい本」と出合える厳選記事のご紹介
- 「学びを体験するイベント」のご案内・割引情報
- 会員限定「特典・プレゼント」のお知らせ

①本書をお買い上げいただいた理由は？

（新聞や雑誌で知って・タイトルにひかれて・著者や内容に興味がある　など）

②本書についての感想、ご意見などをお聞かせください

（よかったところ、悪かったところ・タイトル・著者・カバーデザイン・価格　など）

③本書のなかで一番よかったところ、心に残ったひと言など

④最近読んで、よかった本・雑誌・記事・HPなどを教えてください

⑤「こんな本があったら絶対に買う」というものがありましたら（解決したい悩みや、解消したい問題など）

⑥あなたのご意見・ご感想を、広告などの書籍のPRに使用してもよろしいですか？

1　可　　　　2　不可

※ご協力ありがとうございました。

も多かったはずです。

個知課長は、そうやってなんとか自分のなかのモヤモヤを「言葉」で表現しようと悪戦苦闘している伸溜主任の邪魔をしないように、言葉がけを封印。「傾聴」と「相槌」に徹したのです。そして、**「安全安心」の空気感で伸溜主任を包み込み、急がせず、じっくりと「気づき」を深めていけるよう、自然な態度で見守った**のです。

その結果、伸溜主任は自らの力で「正解」に辿りつき、「そうかぁ。これが相手のタイプに合わせて進め方を変える……ということかぁ」という「気づき」にも到達しました。

これこそ、**「対話による気づき」**です。上司から何かを教えてもらうティーチングでもなければ、部下のなかにあらかじめ存在する「気づき」を上司が引き出すコーチングでもない。まだ存在しない「理解（気づき）」を、伸溜主任と個知課長の二人の共同作業である「対話」を通じて、〝今ここ〟で創造していったのです。

6 「許可」を得てから話し始める
――相手の「自己決定権」を徹底的に尊重する

「教育する立場」と「教育される立場」は、「対等」でなければならない

アドラー心理学では、教師や親や上司など、「教育的立場」にいる人にとって欠かすことができないスタンスとして、「協力」を挙げています。

「教示型」とその裏返しである「回避型」のリーダーシップ・スタイルは、上司が「優越ポジション」、部下が「劣等ポジション」であるという、「上下関係」「優劣関係」に基づくコミュニケーションによって成立しています。

しかし、アドラー心理学では、**「教育する立場」**にある者と、**「教育される立場」**にある

者は、それぞれ人間としては「対等な関係」であるということを出発点にします。

「上下関係」や「優劣関係」があるなかで、相手の「主体性」や「自律性」を求めることはできないからです。そして、あくまでも「主体」は生徒、子ども、部下であり、決めるのも彼らであるという前提でコミュニケーションが統一されます。

たとえば、子どもが「宿題をするか、しないか」を決めるのも、宿題を「晩ご飯の前にするか、後にするか」を決めるのも、あくまで子どもであり、**親はそれに「協力」することはできるが、「命令」することはできない**と考えるのです。

もちろん、親は子どもと「対等」の立場ですから、親の都合を子どもに伝えることはかまいません。たとえば、「あなたが晩ご飯の後に宿題をするならば、お母さんはお手伝いできないわ。晩ご飯の前だったなら、お手伝いができるのだけれど」と伝えることには、何も問題はありません。

しかし、その与件のもとで「どうするか」を主体的に決めるのは子どもです。

母親の「申し出」にもかかわらず、子どもが晩ご飯の後を選択したとしても、母親はそれを叱ったり、変更を命令することはできません。ただ淡々と、宿題のお手伝いをせずに、子どもを見守るだけです。

なぜ、そうするのか？

人間は「自己決定」したときにだけ、「責任」が生じるからです。

逆に言うならば、他者に決められたときには「無責任」になります。

つまり、母親が「晩御飯の前に宿題をしなさい」と命令したら、子どもは、その「決定」に「責任」はありません。しかし、「晩御飯の後に宿題をする」と自己決定すれば、それには「責任」が生じます。

そして、「晩御飯の後」の場合には、親は手伝わないのですから、自分の力でやり遂げるほかありません。もしも、やらなかったときには、その「責任」は子ども自身が取らなければならないのです。

厳しいようではありますが、ここに真の「教育」があります。

なぜなら、**「自己決定」には「自己責任」が伴うことを学ぶからこそ、そこに「主体性」「自律性」が生まれる**からです。ここに、親は子どもに「協力」することはできるが、「命令」することはできないとする、重要な意味があるのです。

小さなことであっても、部下の「自己決定権」を尊重する

これは、「上司部下」関係でも全く同じです。**上司はなるべく「指示・命令」を控え、部下の「自己決定」に委ねた方がいい。**そして、あくまで部下と「対等な立場」で、「協力」することに徹する。そうすることで、部下の「主体性」「自律性」が発揮されるように促すのです。

そのためには、部下への「問いかけ」に工夫が必要です。

部下に「自己決定」してもらう際、最も自由度が高いのは、「開いた質問」を投げかけることです。たとえば、次のように「5W1H」を用いて、相手が自由に話せるように「問いかける」のです。

「あなたはどうしたい？（HOW）」
「あなたは締切をいつにしたい？（WHEN）」
「あなたは誰に仕事を頼みたい？（WHO）」

次に自由度が高いのは、「A案、B案、C案と三つあります。あなたはどれでやりたいですか?」と、選択肢を提示し選んでもらう「問いかけ」です。

最後に、選択肢が一つしかない場合であっても、相手に「自己決定」させる方法があります。それは「A案でやってください」と依頼するのではなく、「A案でやってもらえますか?」と疑問形にすることです。

すると、部下にわずかながらも選択肢が発生します。

「イエス」の他に「ノー」が発生するからです。もちろん、実際には、これは「業務命令」であり、部下が拒否することはできませんから、ほとんどのケースで、部下は「イエス」を選択するでしょう。

しかし、「A案でやってください」と言えば、部下に「ノー」という権利を与えないことになりますが、「A案でやってもらえますか?」と聞けば、形式的ではありながらも、「ノー」という権利を与えていることに違いはありません。

そして、部下も、上司が「ノー」という権利を与えてくれたことは認識するはずであり、そこに、わずかではあっても「自己決定」の要素が生まれるのも疑いのない事実です。このように、**部下の「自己決定」を尊重する「微細な違い」を積み重ねることが、部下の「主体性」「自律性」を促すうえで重要な意味があるの**です。

「協力」するためには、「許可」をとる必要がある

部下に「協力」を申し出るときにも、工夫が必要です。

なぜなら、**何の断りもなく、部下の仕事に手を突っ込むのは、たいへん失礼なこと**です。部下の「主体性」や「自律性」を傷つけることにほかならないからです。ですから、**「協力」を申し出るときには、「許可をとる」とともに、「注文をとる」ことを欠かしてはならない**のです。

個知課長は、そのことをよく認識しています。というのは、伸溜主任とのミーティングのなかで、なんらかの「話題」を提供するときには、必ず「許可」をとっているからです。

「どうかしら。このまま振り返りを続けてもいいかしら」
「もう一つ次に活かせそうなことがあるんだけど……話してもいいかしら」

もちろん、こんなに丁寧に「許可」をとらなくても、ミーティングの雰囲気が悪くなるようなことはないでしょう。だけど、このような「微細なやりとり」を積み重ねることには、非常に大きな意味があると思います。

なぜなら、「このことについて、話してもいいかしら」という問いかけに対して、「イエス」と自己決定したからには、そこに「主体性」や「コミットメント」「話す意欲」が生まれるはずだからです。

しかも、こうした丁寧な対応を積み重ねることによって、そこに「一貫性」が生まれて、「この上司は、自分の自己決定権を尊重してくれている」という信頼感を強くもってくれます。これが、「上司部下」関係を強固なものにしてくれるのです。

もう一つ次に活かせそうなことがあるんだけど……話してもいいかしら？
はい、もちろんです

どうかしら。今、既に前回に関する振り返りのようになっているけれど。このまま続けもいいかしら。大切なことだと思うんだけど

部下に「話題」を提供するときには、「この話をしてもいい？」と許可をとります。そうした微細な配慮の積み重ねが、部下との信頼関係を強固なものにします。

たとえ「善意」であっても、土足で「相手の領域」に入ってはならない

「協力」するときには、「注文をとる」ことも忘れてはなりません。

つまり、**部下が「どのような協力を求めているのか」「何をしてほしいと思っているのか」を確認せずに、勝手に仕事などを手伝ってはいけない**ということです。

しかも、「注文をとる」ときには、控えめでなければなりません。

あくまでも、**タスクの主体者は部下なわけですから、上司がしゃしゃり出すぎてはいけません。**

たとえば、部下が資料作成に苦戦しているときに、「あなたの代わりに、私が資料をつくりましょうか?」などともちかけるのは〝やりすぎ〟です。協力者はあくまでも脇役です。相手をリスペクトするためには、「脇役」であることをわきまえておくべきです。たとえ「善意」であっても、出過ぎたことをすれば相手の「主体性」を奪うことになるからです。

かつて、僕が学んだアドラー心理学のお師匠さんは、次のように教えてくれました。

「欧米では、たとえ親子であっても個人主義が前提であり、相手を個人として尊重します。ましてや他人なら、それが当然のこととされています。

しかし、東アジアの文化圏は、欧米に比べるとお節介文化です。だから、過干渉はいいことだと思って、許可もとらず、注文もとらずに、勝手にお手伝いをしてしまう。

特に、家族であれば、まるで相手を自分の所有物であるかのように扱い、土足で相手の領域に入っていってしまう。それを慎むことから始めなければ、信頼関係は築けないし、相手に主体性を発揮してもらうことはできない」

これは企業組織においても同様です。

我が国では、上司が部下にお節介を焼いてしまいがちです。それが「よいこと」だという文化が、根強く残っているからでしょう。

しかし、それがゆえに、部下の「主体性」「自律性」を損ねている側面があります。ですから、部下に「協力」しようとするときには、「許可をとる」「注文をとる」というステップを踏むことで、相手に対するリスペクトを示す必要があるのです。

7 部下の「できてないこと」を受容する

――「問題指摘」よりも「信頼構築」を優先する

ミーティングの流れを決定づける「発言」

「そうね。スケジュールが合わなかったのは仕方なかったわね」

ミーティングが始まって早々、個知課長はこんな発言をしました。

目を伏せて、少し残念そうな表情ではありますが、スケジュール調整ができなかった仲溜主任を責めるのではなく、「仕方なかったわね」と受け容れたわけです。これは、このミーティングの流れを、大きく左右する発言だったと思います。

伸溜主任が「スケジュール調整」ができなかったことを責めるのではなく、「仕方なかったわね」と受容しました。ここから建設的な「対話」が始まったのです。

手市課長のミーティングを思い出してください。

彼は、ミーティングの開始早々、「事前準備が、まったくされていなかったように聞いているけど……」と、伸溜主任の「できてないこと」を指摘。それに反発する伸溜主任と、いきなり言い争いのような状態に突入しました。これでは、建設的な対話にはなり得ないと言うほかありません。

一方、個知課長は、伸溜主任が「スケジュールがどうしても合わなくて……」と、なかば言い訳めいた発言をしたときに、「それは問題だ」と指摘するのではなく、「そうね。仕方なかったわね」と、**あえて相手のペースに乗っかりました。**

だからこそ、その直後に、個知課長が「今回のことを振り返りたいけど、いいかしら？」という投げかけに、伸溜主任は「振り返りをお願いします」と、素直に応じたように見えます。そして、その後の建設的な「対話」へとつながっていったのです。

相手のシステムに溶け込んでいく「ジョイニング」という技法

実は、これはカウンセリングの技法です。

「家族療法・システムズアプローチ」というカウンセリングの流派があるのですが、そこで大切にされている**「ジョイニング」という技法**なのです。

「家族療法・システムズアプローチ」では、来談者個人の内面にアプローチするのではなく、来談者が属する家族や会社組織などの集団を一つのシステムとして捉え、そのシステムにおける「相互作用」や「コミュニケーション」を変えていくというアプローチを取ります。

そして、相談室で行われるカウンセリング自体も一つのシステムとして捉え、カウンセラーと来談者の「相互作用」や「コミュニケーション」を変えていき、それが来談者の属する集団へと伝播していくという考え方で、カウンセリングを進めていくのです。

そこで大切にされているのが、「ジョイニング」という技法です。

「ジョイニング」とは、**カウンセラーが来談者のシステムに溶け込んでいき、その一部になる**ことを指します。そのために、**相手が大切にしている「価値観」や「雰囲気」、「コミュニケーションのパターン」や「成員の相互関係」などを察知し、いち早くそれに合わせていく**のです。

もうお気づきでしょう。

個知課長の「そうね。スケジュールが合わなかったのは仕方なかったわね」という発言は、この「ジョイニング」に当たるのです。

伸溜主任が「スケジュールがどうしても合わなくて……」と言ったのに乗っかって、「そういうことはあるよね。仕方ないよ」と賛意、共感を示すことによって、伸溜主任のシステムに入っていったわけです。

カウンセリングを行う際には、まずは相手から「教えてください」「サポートしてください」と思ってもらう「相談的枠組」が必須となります。

そのためには、来談者とカウンセラーが「敵対」しては話になりません。**「信頼関係」もできていないうちから相手の問題を指摘しても、相手はそれを受け容れずに「反発」を強めるだけ**で、カウンセリングにならないのです。

それは上司と部下の関係も同じです。**部下に「できてないこと」があったとしても、いきなりそれを指摘しても「敵対」するだけ**。それは、手市課長を見れば一目瞭然です。それよりも、個知課長のように、部下のシステムのなかに入れてもらう、「ジョイニング」

を優先しなければならないのです。

もちろん、「ジョイニング」は、カウンセリングや教育の「目的」ではなく、「前提条件」にすぎません。だから、「ジョイニング」に終始しているようでは、部下の「成長」を促すことは不可能です。

だからこそ、個知課長は、「そうね。スケジュールが合わなかったのは仕方なかったわね」という発言によって、「ジョイニング」に成功したことを察知すると、すぐさま、「今回のことを振り返りたいけど、いいかしら？」と提案。伸溜主任の賛同を得たうえで、「ソリューション＝解決」へと話題を切り替えたのです。

8 「過去に戻ってやり直せるとしたら？」と質問する

――「失敗」ではなく、「やり直し」に焦点を当てる

「ユニークな質問」で、いつもとは違う「発想」を刺激する

「もしもノビさんが今、タイムマシンに乗れるとして……」

この個知課長の突拍子もない発言に、驚いた方もいるかもしれません。

しかし、カウンセリングやコーチングでは、このような**クリエイティブな質問**がよく用いられます。**相手の固定観念を外して、思考を柔らかくしてもらうのに非常に有効**だからです。たとえば、こんな感じです。

「タイムマシンに乗れるとしたら？」。いきなり、こんな質問をすることに驚く人もいるでしょうが、これは、非常に有効なカウンセリングやコーチングの技法なのです。

「予算やスケジュールなど一切制限がなかったら、あなたはどうしたいですか？」

「もしも、相手があなたの言うことを素直に聞いてくれるとしたら、あなたは相手に何と言いたいですか？」

「もしも、あなたが坂本龍馬だったとしたら、まずは何から始めますか？」


いかがですか？

このようなユニークな質問をされたら、いつもとは違う「発想」が湧いてきそうではないでしょうか。

一方的に「教示・アドバイス」する「教示型」リーダーは、このようなまどろっこしい技法を嫌うでしょうが、「対話」を通して部下と共に「正解」を創り出す「共創型」リーダーにとっては、こうしたユニークな質問は必要不可欠なものなのです。

「タイムマシン・クエスチョン」で、クリエイティブな思考を生み出す

個知課長が使ったのは、クリエイティブな質問の代表例の一つである、「*解決志向ブ

リーフセラピー」などで用いられる「タイムマシン・クエスチョン」です。

「もしも、あなたが今、ここでタイムマシンに乗れるとしたら……。どの場面に戻って、何をどのようにやり直しますか？」

この奇想天外な質問には、さまざまな仕掛けが施されています。

順を追って解説していきましょう。

まず、この質問はコミカルで、ユーモアを感じさせます。

人間の脳は、緊張しているとパフォーマンスが下がりますし、「ネガティブ感情」に支配されているときには「理性」が止まってしまいます。そのような状態では、クリエイティブな思考はできません。

そこで必要なのがユーモアです。アドラーもカウンセリングの際には、ユーモアを多用したそうですが、それは、**ユーモアに触れて「笑い」が生まれれば、ふっと緊張がとけて、思考が活性化する**からだと思います。その点、ユーモアあふれる「タイムマシン・クエスチョン」は非常に効果的です。

「もしも、タイムマシンに乗れるとしたら？」と問いかける個知課長も笑顔になりますし、伸溜主任も「え？　タイムマシン？　突然どうしたんですか？」と驚き、思わず笑い出し、一気に緊張がとけます。こうして、「プレゼンの振り返り」という真面目なミーティングが、楽しくてクリエイティブなものになるのです。

しかも、「タイムマシン」という非現実的なツールが入ることで、**思考をがんじがらめにしている「現実的な制約」や「常識」などの制約が取っ払われます。**

「一切の制約を取り払って、自由に発想してください」などといくら言っても、そう簡単に思考が切り替わるものではありませんが、「もしも、タイムマシンに乗れるとしたら？」と問いかけられたら、頭のなかにSFのような世界が映像化されて、現実のしがらみが消えてしまいます。こうして、自由に発想を羽ばたかせることができるようになるのです。

「原因分析」をすっ飛ばして、いきなり「解決策」を考える

そして、最も重要なのは、**「タイムマシン・クエスチョン」には、「問題指摘」と「原因分析」が一切含まれていない**ということです。

たとえば、先ほどのシーンで、個知課長が伸溜主任に問いかけたのは、「理想のプレゼン準備をやり直すとしたら、どのタイミングに戻って、何をやり直しますか？」という質問でした。

そこには、「上司が同席できるように、スケジュール調整をしなかった」とか、「難題部長が求めるであろう、エビデンスを示す資料を準備しなかった」といった、「問題指摘」もなければ、「なぜ、スケジュール調整をしなかったのか？」という「原因分析」もありません。それらをすっ飛ばして、**いきなり「解決策＝ソリューション」を考えることを求める質問**になっているのです。

これは、非常に重要なポイントです。

一般に、解決策をつくるためには「問題を特定し、その問題が起きる原因を分析する」というステップを踏むとされていますが、これにはさまざまな弊害があることは、すでに述べたとおりです。

まず第一に、「問題を特定」するためには、伸溜主任の「できてないこと」を指摘する必要がありますが、それによって、彼のマイナス感情を刺激することになり、「反発」や「無気力」を生み出すリスクが高まるおそれがあります。

そして第二に、「原因分析」が有効なのは、解決すべき問題が単純なものである場合に限定されるという問題があります。さまざまな要因が複雑に絡み合っているような問題を解決するには、「原因分析」という手法は無力なのです。

上司主導ではなく、部下主導で「解決策」を考える

それよりも、「問題指摘」と「原因分析」を一切せずに、いきなり「解決策」を考え、「試行錯誤」を重ねることが大切です。

歯ぎしりに苦しんでいた患者に対して、「問題指摘」や「原因分析」を一切せずに、「ベッドの位置を変える」という解決策を試したら、一発で歯ぎしりが止まったという実例を思い出してください。

なぜ、歯ぎしりが止まったのか、その「原因」は誰にもわかりません。でも、問題は解決したのだから、それでいいのです。このように、実行可能な「解決策」を考え、どんどん試していく。それで、うまくいったならば、"Do More"。うまくいかなかったなら、"Do Something Different"。これが、VUCAな時代にフィットする「問題解決」のスタンス

なのです。

そして、「タイムマシン・クエスチョン」は、「どの場面に戻って、何をどのようにやり直しますか?」という問いかけに、伸溜主任が答える形式ですから、部下が主体的に「解決策」を考えるスタイルになりやすいとも言えます。

そのため、ここで出てきた「解決策」に対して、伸溜主任は強いコミットメントを感じるに違いありません。これは、「解決策」を一方的に「教示・アドバイス」するスタイルでは、絶対になしえないことです。その意味で、「タイムマシン・クエスチョン」は、「共創型」リーダーにとって欠かすことのできない大切なツールだと言えるのです。ぜひ、皆さんの職場でも試してみてください。

＊解決志向ブリーフセラピーで用いられるタイムマシン・クエスチョンは過去ではなく未来を体験する目的で使われる場合が多いようです。また「もしも魔法が使えて、すべて解決したとしたら、どのような情景が見えますか?」というミラクル・クエスチョンも多用されます。

コラム❷

「過去形」ではなく「現在形」で問いかける

——没入するからこそ、「感情」が湧き上がる

「タイムマシン・クエスチョン」を成功させるために、大切なポイントがあります。

それは、**問いかけはすべて、「過去形」ではなく「現在形」で行う**ということです。

つまり、「過去に戻れるとしたら、何をしたかった（過去形）ですか？」ではなく、「何をしたい（現在形）ですか？」と問いかけるのです。

これは、「ゲシュタルト療法」のカウンセリング・プロセスで行われる、「サイコ・ドラマ（心理劇）」も同様です。

「サイコ・ドラマ」とは、精神科医であるヤコブ・モレノが提唱したもので、「過去のできごと」を〝今ここ〟であたかも演劇のように再現し、未完了であった「感情」や「体験」を完了させていくのですが、その際に重要なのは、できごとを常に「現在形」で語り続けることなのです。

なぜか？　演劇、テレビドラマ、映画を思い起こしてください。

観衆である僕たちは、あたかもその劇の主人公になったような気持ちで、ハラハラドキドキしたり、怒ったり、悲しんだり、喜んだりします。その際、劇の登場人物は常に「現在形」で語ります。だからこそ、僕たちは〝今ここ〟でそれが起きているかのように錯覚し、没入できるのです。もしも登場人物が、すべてを「過去形」で語ったとしたら没入は起きません。


これは、カウンセリングにもあてはまります。

カウンセリングで「過去の再現」をする際に、来談者が「過去形」で語ると、そこには没入が起きず、**没入がなければ、そこには生々しい「感情」が生じません。**それでは、未完了であった「感情」を完了させるという目的を達成することは不可能です。

だから、カウンセラーは来談者が語る言葉の時制に注目し、常に「現在形」で語るように促すのです。そして、「タイムマシン・クエスチョン」においても、没入を生み出すためには、「現在形」で問いかけることが大切なのです。

9 大切な観点に「スポットライト」を当てる

――部下の「言葉」のなかに隠れているものを「焦点化」する

相手が気づいていない「ポイント」を深く掘り下げる

「理想のプレゼン準備をやり直すとしたら、どのタイミングに戻って……何をやり直したいかしら？」

個知課長の「タイムマシン・クエスチョン」を受けて、伸溜主任は、「うーん……。やっぱり、コーチさんに同席していただきたかったですよね……」と考え始めました。

この時点で、伸溜主任は自分の「アポ取り」の手順に問題があったとは思っていません。

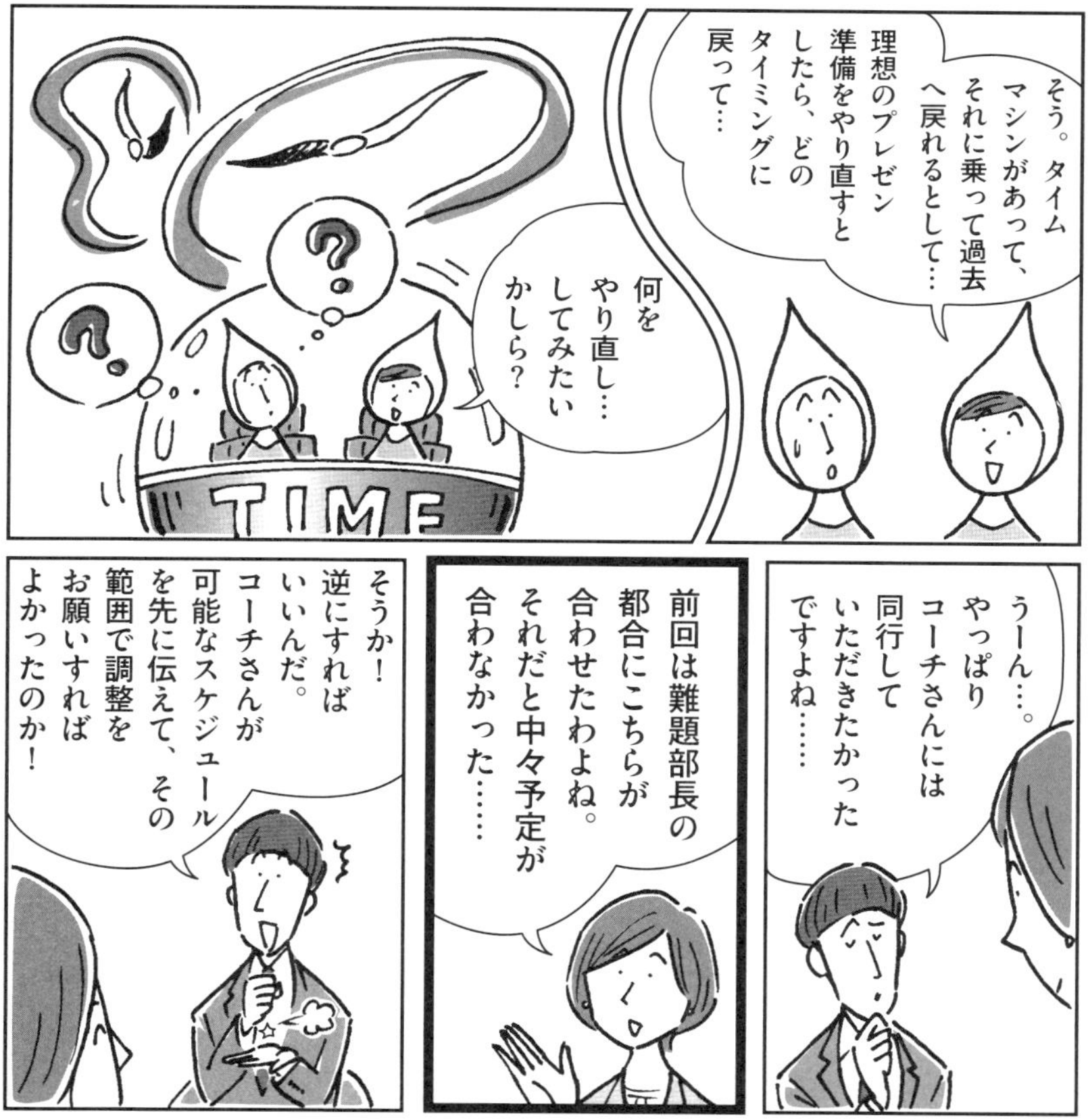

「前回は難題部長の都合にこちらが合わせたわよね」という発言で、さりげなく、アポ取りの「手順」にスポットライトを当てました。

このやりとりの直前に、「コーチさんに同席していただけなかったのは残念でした。スケジュールがどうしても合わなくて」と口にしたように、「どうしようもなかった」と認識していたのです。

ここで注目したいのが、個知課長の次の発言です。

「前回は難題部長の都合に、こちらが合わせたわよね。それだと、なかなか予定が合わなかった……」

これは、カウンセリングで使われる、**「スポットライト技法」**に該当します。

「スポットライト技法」とは、**対話のなかで重要性が高い「特定の内容」に焦点（スポットライト）を当て、その話題について深く掘り下げていく技法**です。

すなわち、個知課長はあの発言によって、「スケジュールが合わなかったのだから、どうしようもなかった」という伸溜主任の発言（認識）のなかに隠れている、「アポイント設定の手順」というテーマにスポットライトを当てたのです。

「対話」のなかで交わした言葉に、「スポットライト」を当てる

ここで重要なのは、個知課長が、「ちょっと待って……、あなたのアポイントの手順に問題はなかったの？」などと、「問題指摘型アプローチ」でスポットライトを当てなかったことです。

そうではなく、「前回は難題部長の都合に、こちらが合わせたわよね。それだと、なかなか予定が合わなかった……」と、事実をシンプルに伝えただけです。しかし、そのような形で「手順」にスポットライトを当てた瞬間に、伸溜主任は「他の手順はなかったのだろうか？」という思考が始まりました。

そして、「そうか！　逆にすればいいんだ。コーチさんが可能なスケジュールを先に伝えて、その範囲で調整をお願いすればよかったのか！」と、伸溜主任は自らの力で「正解」にたどり着くことができたのです。これこそまさに「共創型」だと、ご理解いただけるはずです。

つまり、個知課長は、それまでの二人の「対話」で語られていたことのなかで、「アポ

取りの手順」という特定部分に光を当てて、それを「対話の議題」に設定したとも言えるでしょう。

これは、上司のなかにすでにある「正解」を伝える、「教示型」リーダーとは大きく異なる手法です。「教示型」リーダーであれば、おそらくこんな「指導」をするはずです。

「あなたは難題部長のスケジュールありきで、それに合わせようとしたでしょう。それでは、スケジュール調整はうまくいきません。まずは、私と伸溜主任が対応可能なスケジュールを複数提案するんです。そして、向こうに選んでもらう。そうすればスケジュール調整は可能になるでしょ？」

これは、伸溜主任が自らの力でたどり着いた「正解」と同じです。

しかし、このような一方通行の「教示・アドバイス」にはほとんど意味がありません。

そもそも、「あなたのやり方では、スケジュール調整はうまくいかない」と否定していますから、そこには「反発」が生じます。それでは、いくら「正解」を差し出されても、それを受け入れることはできないでしょう。

それよりも、部下が自らの力で「正解」にたどり着くことが大切です。そのためには、上司が一方的に「教示・アドバイス」するのではなく、常に上司と部下が共に「正解」を創り上げる「共創型」こそが求められるのです。

そして、「共創」するためには、まずはじめに「議題設定」が必要です。

その「議題」をもとに、二人で共創するのです。しかも、その「議題設定」は、上司のなかにすでにあるものを提示するのではなく、二人が交わした「対話」のなかからすくい上げることが大切です。

だからこそ、単なる「議題設定」ではなく、「スポットライト」なのです。**これまでの「対話」で交わした言葉が舞台のうえに並んでおり、その一つに焦点を当てるから「スポットライト」なのです。**

「自分にとっての正解」が、「正解」とは限らない

ただし、ここに微妙な問題が存在します。

「スポットライト技法」に対して、「それは単なる誘導ではないか」とおっしゃる方がい

るのです。

つまり、「スポットライト技法」とは、「対話」のなかで二人が交わした言葉のなかから、ひとつを選んで「焦点」を当てることだと言うけれども、**実際には、上司の頭のなかには「正解」が存在しており、そこへ向けて部下を誘導するために「演技」をしているだけではないか**というのです。


これは、ごもっともな指摘です。

なぜならば、おそらくあのとき、個知課長の頭のなかには、「自分と伸溜主任が対応可能なスケジュールを複数提案して、難題部長に選んでもらう」という「正解」は存在していたはずだからです。


しかし、だからと言って、個知課長が、「前回は難題部長の都合に、こちらが合わせたわよね。それだと、なかなか予定が合わなかった……」と、「アポ取りの手順」にスポットライトを当てることが、「誘導」や「演技」だということにはなりません。

なぜなら、それは「誘導」でもなければ「演技」でもなく、単に、自分のなかに思い浮かんだ「正解」をいったん脇に置いているだけだからです。

たしかに、個知課長の頭には「正解」が存在します。

そのことを、彼女自身が認識しています。しかし、同時に彼女は、「これが正解とは限らない」「もっといい解決法があるかもしれない」と考えている。だから、いきなり「自分の正解」を、一方通行で伝えるのはやめよう。まずは、「アポ取りの手順」にスポットライトを当てて、伸溜さんと一緒に考えてみよう。このような態度をとったのです。

「山から降りる」という提案

僕はこれを**「山から降りる」**と表現しています。

個知課長は、ビジネス経験が豊富で、「アポ取りの手順」といった実務については、確かな見識をもっていますが、伸溜主任は、まだまだ経験不足で、実務的な見識は決して高くはありません。たとえて言えば、個知課長が「山頂」にいるとすれば、伸溜主任は「山のふもと」「登山道の入り口」に立っているようなものです。

このときに、個知課長が山頂に立ったまま、「こっちにおいで」「こっちが正解だよ」と、

「山のふもと」にいる伸溜主任に呼びかければ、それは「誘導」ということになるでしょう。あるいは、それが「誘導」と見破られないように、「演技」をしていると指摘されることもあるかもしれません。

だけど、個知課長が、頭のなかにある「正解」をいったん道の脇に置いて、山の頂上からふもとへ降りてきて、伸溜主任と同じ位置に立ったらどうでしょう？　そして、「アポ取の手順」という議題だけ共有して、一緒に山登りを始めるのです。

もしかすると、伸溜主任は「山頂」とは違う方向に歩き出すかもしれないけれども、それでいいのです。**上司が思う方向とは違う方向に歩き出したとしても、それを制止して「違うわ。こっちよ」などと誘導する必要はない**のです。

なぜならば、上司にとっての「正解」が、必ずしも部下にとっての「正解」とは限らないからです。上司にとっての「正解」とは、あくまでも、その上司がもつ「能力」「経験」「性格」「人格」「対人関係」などを前提としたものです。全く異なる特性をもつ部下に、それが当てはまる保証はどこにもないのです。

それに、上司は「部下の視点」に立つことはできません。

部下には部下なりの事情があるのに、それが上司には見えていないのです。

もしかしたら、伸溜主任は、難題部長との過去のやりとりのなかで、「こちらから先にスケジュールを提案することなどもってのほか、そんなことをしたら出入り禁止にすらなりかねない」と思っているかもしれません。

あるいは、「難題部長のアポイントのために、多忙な個知課長のスケジュールを複数押さえると、個知課長や営業部のメンバーに迷惑をかけてしまう」とためらっているのかもしれません。

だから、**上司はいったん「自分の正解」を脇に置くべき**なのです。

そして、山の頂上からふもとへ降りて、部下と一緒に「山頂」をめざして歩き出せばいいのです。

「ノット・ノーイング」という考え方

現代カウンセリングに大きな影響を与えた、ミルトン・エリクソンが提唱する「ノット・ノーイング（Not Knowing）」もこれに近い考え方です。

「ノット・ノーイング」とは、「私たち（カウンセラー）は、患者のことを何も知らない」という視点です。これは、当時の伝統的なカウンセリングの考え方とは１８０度異なる、画期的な考え方でした。

エリクソン以前の伝統的なカウンセリングにおいては、「カウンセラー・治療者は医学のプロであり、患者は何も知らない素人である」という前提で治療が行われました。

ですから、治療者は患者の言葉を聴きながら、プロにしかわからない医学の視点で「診断」「解釈」し、その結果を患者へ教育するという「教示型」で治療が行われていたのです。しかし、エリクソンはそれを「共創型」へとひっくり返しました。

「患者はすべてを知っている」
「患者はどうすればよくなるかを本当はわかっている」
「それに気づくお手伝いをするのがカウンセラーなのだ」

というのです。

部下を「誘導」「操作」するという「過ち」を避ける方法

エリクソンの有名な逸話である、「迷子の馬」の話をご紹介しましょう。

エリクソンがまだ学生だった頃の話です。ウイスコンシン州の田舎道を友人と歩いていると、エリクソンたちは道にはぐれた馬に出会いました。友人は「馬を飼い主のもとへ届けよう」と言いますが、その馬が「どこから来た、誰の馬なのか」はわかりません。

どうしようかと困っている友人に対して、エリクソンは「簡単だよ」と言い、その馬に飛び乗りました。

そして、**馬をどこへも「誘導」せずに、ただ馬が行きたい方向へ自由に歩かせた**のです。

エリクソンが唯一したことは、危険な崖や車が走る道路を避けることだけでした。すると、なんとその馬は、自分の力で無事にたどり着いたのです。

つまり、**「馬は〝帰り道〟を知っていた」**ということです。

果たしてこれが実話だったのかどうかはわかりませんが、「治療者は患者のことを何も知らない。患者は自分がどうすればよくなるかを知っている」という「ノット・ノーイング」の言葉の意味を、わかりやすく伝えるエピソードであることは間違いありません。

僕は、この「ノット・ノーイング」は、上司と部下の関係にも当てはまると考えています。**「上司は部下のことを何も知らない。部下は自分がどうすればいいかを知っている」**。この認識をもたず、上司が「自分の正解」を部下に押しつけることによって、どれだけ多くの問題が生じてきたことかと思います。

上司にとっての「正解」は、必ずしも部下にとっての「正解」ではありません。だから、上司はまずは「自分の正解」を脇に置いて、山の頂上からふもとに降りていった方がいい。そして、部下と一緒にもう一度、山を登っていくのです。

もしかしたら、上司が見つけた「道」とは、全く違う「道」を部下は見つけるかもしれません。そして、もしかしたら、その「道」は、上司にとっては好ましくない「道」かもしれません。

しかし、**大切なのは、上司にとって好ましい「道」であることではなく、部下にとって好ましい「道」であること**です。上司にとっては、まどろっこしくて、手間がかかる

「道」かもしれません。そして、「こっちに進んだら、ショートカットできる」とわかることもあるでしょう。でも、その**「回り道」こそが、部下にとって最適な「道」なのかもしれない**のです。

もちろん、エリクソンが、馬が危険な崖や車が走る道路に近づかないように気をつけたように、部下が致命的な「失敗」を犯さないように注意を払う必要はありますが、そうでない場合には、なるべく部下が進みたい「道」を歩んだ方がいい。

大切なのは、部下が「これだ」と思うことをやってみて、うまくいけば"Do More"、うまくいかなければ"Do Something Different"を繰り返すことです。このプロセスを部下が歩めるようにサポートすれば、**どんな「道」を通っても、部下は必ず「自分なりの正解」にたどり着く**のです。

そして、その「道」がどのような「道」であれ、部下と一緒に景色を楽しみ、同じ時間を過ごす。このようなスタンスを身につけることができれば、部下を「誘導」したり、「操作」したりするといった過ちを犯すことはなくなると思うのです。

コラム❸

相手の「思考のスイッチ」を押す方法

──さりげなく「対比」を提示する

「前回は難題部長の都合に、こちらが合わせたわよね。それだと、なかなか予定が合わなかった……」

この発言によって、個知課長は「アポ取りの手順」にスポットライトを当てました。そして、これをきっかけに、伸溜主任は「そうか！　逆にすればいいんだ。コーチさんが可能なスケジュールを先に伝えて、その範囲で調整をお願いすればよかったのか！」という気づきを得たわけです。

実は、ここには、「スポットライト技法」のほかにもう一つ、重要な技法がさりげなく用いられています。

それは、**「対比」という技法**です。

個知課長は、「前回は○○で、うまくいかなかった」という趣旨の発言をしたわけですが、「前回は○○で、うまくいかなかった」という言葉を聞けば、誰もが「じゃ、次回は△△しよう」などと、「前回にやった」のとは異なる方法を考えるモードに入ります。具体的には、次のような「対比」となります。

【前回】難題部長のスケジュールに個知課長のスケジュールを合わせようとして失敗した
【次回】個知課長のスケジュールを難題部長へ複数候補提示し選んでもらう

このように「対比」させることで、自動的に「思考のスイッチ」が入る効果が期待できるのです。

ですから、**相手の思考を促したいときには、「対比」を意識した投げかけをすると効果的**です。「A社に○○というアプローチをしたら、断られた」→「じゃ、B社には△△というアプローチをしよう」、「メールで重要事項を一斉送信すると、読まない人もいる」→「じゃ、重要事項は会議の場で伝達しよう」など、いくらでもバリエーションは広がります。ぜひ、頭の片隅に置いていただければと思います。

10 「私も“答え”がわからない」と言う勇気をもつ

——「不完全な自分」をさらけ出し、部下と共に悩む

「答え」がわからないときは、「困っている」と伝えるのがいい

「なぜ、死んだらいけないのですか？」

希死念慮のある人から、そう問われたら何と答えますか？

これはたいへんに難しい質問です。

「そんなの、当たり前のことだろう」では「答え」になりませんし、「生きたいと思いながら、病気で亡くなった人たちのためにも、生きなければいけないのだ」などという“立

派な答え〟も、悩みの渦中で苦しんでいる当人には全く響かないでしょう。

僕が尊敬する著名な精神科医・神田橋條治先生は、ご著作のなかでこのような趣旨のことを語っておられます。

もしも、自分が相手に届くような「答え」をもっていなかったならば、「困っている」ということを伝えるのがよい。「私にもわからないから、一緒に答えを見つけよう」と言うのだ、と。

名言だと思います。

そして、僕は、この言葉を、世の中のすべての上司に届けたいと思っています。

なぜなら、**「上司にだってわからないことがある」のは当然のことだし、「部下の質問に、上司が答えられらないことがある」のも当然のこと**だからです。

そんなときには、「私にもわからないから、一緒に考えよう」と誠実に伝え、部下と共に悩むのはとても大切なことです。**上司のその姿勢が嘘のない誠実さをもたらし、「上司－部下」関係という壁を取り払い、人間同士の対等な関係性を築くことにつながる**からです。

ところが、多くの上司が「これ」ができません。

僕はこれまで、研修講師としてのべ数十万人の管理職の方々と接してきましたが、そのなかで、実に多くの管理職が自分を「リーダーらしく見せる」ために苦労している姿を目の当たりにしてきました。**「私にはわからない」と言うことができず、「完璧な上司」を演じようと無理を重ねている**のです。

上司が「完璧なふり」をすると、部下も「完璧なふり」を始める

特に、手市課長のような「教示型」リーダーにその傾向は顕著です。

当然ですよね。**日頃から、部下の「問題点」を指摘して、「教示・アドバイス」を連発している上司が、「私にはわからない」などという言葉を口にできるわけがありません。**

その結果、無理をして「完璧なふり」をしなければならなくなってしまうのです。

だけど、そんなことをするから、**職場に閉塞感が生まれる**のです。

なぜなら、「完璧なふり」をしている上司の前では、部下も「完璧なふり」をしなければ

ばならないからです。**本当は必ずしもそうではないのに、「優秀なふり」や「いつもやる気があるふり」をしなければならなくなってしまう。そこに「嘘」が生まれるのです。**

上司も「完璧なふり」。

部下も「完璧なふり」。

お互い常に「嘘」をついている。

そんな状態では、**表面的な「人間関係」しか生まれません。**「本音」を話せるような関係性になど、決してならないでしょう。そんな職場では、**部下は常に「緊張状態」に置かれます。**その結果、部下はますます萎縮し、能力を発揮することができなくなってしまうのです。実に愚かなことではないでしょうか？

だから、上司は「完璧なふり」などしない方がいい。

そもそも、地球上に存在する約80億人のなかに「完璧な人間」など一人もいません。みんな、「長所」もあれば「短所」もある、デコボコだらけの人間です。それでいいんです。

むしろ、部下に対して、「私にはわからない」と正直に言う勇気こそが必要です。そして、「だから、一緒に考えよう」と伝えて、部下と共に悩むことが大切なのです。

迷ったときには、「迷った姿」をさらけ出す

個知課長も、そんな上司のひとりです。

次ページは、セトル社へのプレゼンに先立って、伸溜主任が制作部にクリエイティブ案の作成を依頼する段取りについて話し合っているシーンですが、そこで、彼女が一瞬、自信のない表情を浮かべながら、「やはり、依頼は無理だったのかしら……」とつぶやく場面が描かれています。

僕は、この場面で、個知課長は本当に「依頼は無理だったのかもしれない……」と思い、「どうすべきだったのか」がわからなくなったのではないかと思います。そして、彼女はそれを隠すことなく、伸溜主任にさらけ出したのです。

この個知課長の姿が、頼りなく見える人もいるかもしれません。

しかし、僕は、**これこそが彼女の「強さ」であり、「共創型」リーダーの素晴らしさ**だと思います。なぜなら、「答え」が見つからず、途方に暮れる姿をさらけ出すことで、「私にもわからないから、一緒に考えよう」というメッセージが、伸溜主任にしっかりと伝わっていると思うからです。

個知課長は一瞬、自信のなさそうな表情を浮かべ、「やはり依頼は無理だったのかしら…」と弱気な言葉を口にしました。

実際、伸溜主任は、じっと考えを深めており、「やはり、依頼は無理だったのかしら……」という個知課長の言葉に対して、「いえ、今回のような大がかりな案件は多少の無理は聞いてもらえるはずです」と返答。そこから、ふたりは対等な立場で「対話」を重ね、どんどん議論を深めていくのです。

そして、このように**「完璧なふり」をしようとせず、「不完全な自分」をさらけ出し、一緒に「悩んで」くれる上司のもとでは、部下もリラックスして、ありのままの「自然体」で過ごすことができる**に違いありません。その結果、部下もチームも伸び伸びと、もてる能力を発揮し始めるのだと思うのです。

なぜ、優秀なカウンセラーほど、「う〜ん……えーと……」という声を出すのか？

最後に、「不完全」であるがゆえに強いリーダーの、意外な特徴についてお伝えしておきたいと思います。

彼らは、部下の相談に乗ったりしているときに、しばしば「私にもどうしたらいいかわからない。一緒に考えよう」という状態に陥りますが、そのときに、ごく自然に次のような声（音？）が漏れることが多いのです。

「う〜ん……どう言えばいいんだろうなぁ……えーと……う、うん……あ〜」

なんとも煮え切らない感じですよね？　一般的にイメージされる「強いリーダー」とは、かなりかけ離れているようです。でも、それがいいのです。

実際、ベテランの優秀なカウンセラーほど、このような言葉にならない声（音）を発することが多いように感じます。というのは、**理路整然とテキパキ話していては、患者が悩みを吐露できなくなる**からです。カウンセラーが患者の「鏡」になるミラーリングを無意識にすると、カウンセラーも「うーん……」「あ〜〜……」などの声が自然に漏れてくるのです。

このような言葉にならない声を、英語で「フィラー（Filler）」と呼びます。「フィル（Fill、隙間を埋める）」の動名詞形である、「フィラー（Filler、隙間を埋めるもの）」です。

一般的に「フィラー」は、「沈黙を埋める言葉」「沈黙を避ける言葉」「間をつなぐ言葉」といった意味合いで使われますが、僕が伝えたい「フィラー」は、これらの意味合いとは少々異なります。

僕がお伝えしたいのは、もっと純粋な意味での言葉にならない声、つまり、生後2～3ヶ月の赤ん坊が発する「あーあー」「あーうー」などの言葉であるクーイングや、発声に唇や舌を使えるようになってから発する「あ、あーうーがしゅおーむむ」などの喃語《なんご》が近いでしょう。

赤ん坊は、言葉を知らないにもかかわらず、自分を表現しようとしてクーイングや喃語を発声していますが、上司が「うーん、あ～……えー……」などという声（音）を発すのも、それに非常に近いように思うのです。

つまり、**上司が発する「フィラー」は、部下の相談に乗りながら、自分のなかに湧き上がってくる、まだ言葉としては表現できない「何か」を表現しようとしている**のです。そして、この「フィラー」が、共に悩む部下の思考を促す手助けになっているのです。

どういうことか？

ユージン・ジェンドリンによる「体験過程」の話を思い出してください。

「体験過程」とは、人は「体験→理解（気づき）→表現」ではなく、「体験→表現→理解（気づき）」の順番でコミュニケーションをするというものです。

つまり、部下が悩んでいるということは、「理解」が発生する前の言葉にならない「感覚（フェルトセンス）」を、なんとか表現しようともがいている段階にあるということにほかなりません。

そして、部下が「フェルトセンス」を言語化することで「理解（気づき）」に転換する「フェルトシフト」を起こすために、上司ができる手助けの一つが「フィラー」なのです。部下の言葉にならない「フェルトセンス」に接することで、上司のなかに湧き上がってくる言葉にならない「何か」を「フィラー」として表現する。それこそが**「共に悩む」ことであり、部下の「思考」を深めるサポートになる**のです。

つまり、**上司は、部下の悩みを解決する「答え」を言う必要などない**ということです。むしろ、「私にもわからないから、一緒に考えよう」という姿勢が大切であり、「完璧」ではなく「不完全」であり続けることこそが求められているのです。

アルフレッド・アドラーは、**「不完全である勇気をもて」**という言葉を残しています。世界中の上司を勇気づける言葉だと僕は思っています。

11 部下の「間違い」を修正する方法
——「控えめ」に提案する

部下の「間違い」を指摘する前に、「セルフ・チェック」をする

「問題指摘型アプローチ」には効果がない——。

僕は本書で、このことを繰り返し述べてきました。

「問題点」を厳しく指摘された部下は、マイナス感情を強く刺激され、「理性」を使って学習することができなくなってしまうからです。

それに、「そのやり方は間違っている。こうやるべきだ」などと、上司が「自分の正解」を押しつけてしまうと、部下の「主体性」や「自律性」を大きく損ねてしまいます。だか

ら、部下の「問題」を指摘するのではなく、部下と共に「正解」を創り出さなければならないのです。

しかし、このようにお伝えすると、必ずと言っていいほど尋ねられることがあります。

「部下が明らかに間違ったことをしたときには、どうしたらいいのか？」

ごもっともな質問です。

部下が明らかに間違った判断・行動をしたときには、なるべくはやくその「間違い」を修正しなければなりません。そうしなければ、組織にダメージを与えることになりかねませんし、部下本人が傷つくことにもなりかねません。

マンガにおける、仲溜主任がまさにそうです。

彼は、セトル社でのプレゼンでいくつもの「間違い」を犯しました。上司としては、その「間違い」に気づいてもらい、「修正」をしてもらう必要があります。そうしなければ、セトル社からの受注を逃すおそれがあるからです。

このような場合、真っ先にしていただきたいのは、上司が**「自分は〝ノット・ノーイング〟のスタンスに立てているだろうか？」というセルフ・チェックをする**ことです。

「もしかして、自分は無意識に自分が正しいと思い込んでいるのではないだろうか？」「治療者が患者を見下ろすような、上下・優劣のポジションでいないだろうか？」「山の頂上に立ったまま、山のふもと・登山道の入り口に立っている部下を見下ろしてはいないだろうか？」と自分を疑ってみるのです。

それに続けて、**「自分が考える〝正解〟が、自分自身に最適化された〝正解〟になっていないか？」というセルフ・チェック**もしてください。

「こうすべきだ」と考えている「正解」が、自分独自の「能力」「経験」「性格」「人間関係のつくり方」などに最適化されたものであれば、部下にとっては実行困難・実行不可能な「指示・命令」にしかなりません。

いま考えなければならないのは、上司にとっての「正解」ではなく、部下の「能力」「経験」「性格」「人間関係のつくり方」などに最適化された「正解」です。上司に最適化された「正解」を部下に押しつけてはならないのです。

「行動修正」を求めるときは、「控えめに提案する」のが正解

これらふたつのセルフ・チェックを経たうえで、それでも、部下に「間違い」を気づかせ、「方向転換」「行動修正」を求める必要があると判断した場合には、どうすればいいのでしょうか？

ここでのキーワードは、**「控えめに」**ということと、**「提案する」**ということです。

上司が育成しなければならないのは、〝上司のいいなりになるロボット〟としての部下ではありません。あくまでも、自分の頭で考え、自分でリスクテイクをして、自分で意思決定をして、最後までやり遂げる部下です。そのためには、**部下の「主体性」を徹底的に尊重する**ことが欠かせません。

だから、上司は「控えめ」でなければなりません。**部下の行動に「問題」があるからといって、上司が主体になって業務を仕切るようなことをしてしまうと、部下の「主体性」を決定的に損ねてしまう**でしょう。

また、部下に対して「こうした方がいい」「こうすべきだ」などと、「教示」するのも避けなければなりません。それでは、部下の「自己決定権」を奪うことになってしまうからです。**「こうした方がいい」という「教示」ではなく、「こういう方法もあるのでは？」といった「提案」でなくてはならない**のです。

「フィードバック」よりも「フィードフォワード」が有効

では、具体的にどうすればいいのでしょうか？

まずご紹介したいのが「フィードフォワード」です。

皆さんがよく耳にする「フィードバック」は、過去の「行動」を振り返り、良い点、悪い点を伝えることで、部下に「行動修正」を促す技法です。一方、**「フィードフォワード」は、未来の「行動予定」を確認したうえで、未来に起こり得ることを上司が予測して伝え、部下に自発的な「行動修正」を促すという技法**です。

どちらの技法にも「育成効果」はありますが、**「フィードバック」は多くの場合、〝ダメ**

出し〞になりがちで、いくら「良い点」を交えても、「悪い点」ばかりがインパクトに残り、部下の「反発」や「無気力」を誘発しがちです。

ところが、「フィードフォワード」の場合は、「あなたのやり方だと、もしかしたら○○が起きてしまうかもしれないけれど、その点は予測していましたか？」などと、「控えめ」に注意を喚起する形となります。その結果、**部下に対するネガティブ・インパクトが緩和され、部下が主体的に「行動修正」をする可能性が高まる**のです。

とはいえ、実際に問題になるのは、部下の「過去の行動」であることが多いのが現実です。その場合には、「フィードフォワード」は使えないのでは？　そんな疑問をもたれる方もいらっしゃるでしょう。

しかし、ご安心ください。

「タイムマシン・クエスチョン」を使えば、「過去の行動」についても、「フィードフォワード」ができるようになります。

たとえば、個知課長は、伸溜主任とのミーティングにおいて、「制作部へ対する依頼の段取りはどうかしら。タイムマシンで過去へ戻れるとしたら……どうしたい？」と問いかけることによって、「過去の行動」をもう一度やり直すことを求めました。つまり、「過去の行動」の間違いを探すのではなく、「未来志向」で考える視点をもたらしたわけです。

そして、次のように「フィードフォワード」の質問を重ねていきました。

個知課長「やはり、依頼は無理だったのかしら……」

伸溜主任「いいえ、今回のような大がかりな案件は、多少の無理は聞いてもらえるはずです」

個知課長「無理をお願いしてみたら、アフロ主任はどんな反応をするかしら？」

伸溜主任「うーん、いい反応はないと思います。断られるか、呆れながらも仕方なく受けてくれるか……」

個知課長「それはノビさんが望む姿？」

こうして、伸溜主任にネガティブ・インパクトを与えることを避けつつ、「対話」を重ねることで、伸溜主任は主体的に「今回のコンペで勝てれば、制作部も評価されることを事前に強調して伝えておけば、依頼を引き受けてもらえたかもしれない」という「気づき」に到達。次回のプレゼンに向けて、自発的に「行動修正」をすることになったのです。

「過去のできごと」に対してフィードバックするよりも、「未来を予測」しながらフィードフォワードするほうが効果的です。

「YOUメッセージ」ではなく、「Iメッセージ」で伝える

また、この場面で個知課長は、もう一つの技法も使っています。

それは、「Iメッセージ（「私メッセージ」とも言う）」という技法です。これは、「YOUメッセージ（「あなたメッセージ」とも言う）と対になって使われるもので、心理学者であるトマス・ゴードンによって提唱された技法です。

「Iメッセージ」とは、文字通り「主語」が「I（私は）」で始まるメッセージです。

たとえば、左のシーンで、個知課長は「無理を聞いてもらうからには、制作部にとってのメリットもほしいわよね」というのは「Iメッセージ」になっています。

こう言うと、「え？　彼女は〝私〟という言葉を使ってないけど？」と疑問に思われるでしょう。しかし、この文章に「主語」をあてはめると、「無理を聞いてもらうからには、制作部にとってのメリットもほしい**（と私は思います）**」となります。だから、これは「Iメッセージ」なのです。

「YOUメッセージ」ではなく、「Iメッセージ」を使うことで、相手は受け止めやすくなります。

これは、日本語に特有なことです。

英語は「主語」を明確にしなければなりませんが、日本語は「主語」がなくても通じる世界でも珍しい言語体系です。ですから、時に「私は」という主語が省かれることがありますが、大切なのは文脈です。文脈上、明らかに主語が「私」であれば、それは「Iメッセージ」なのです。

一方、言うまでもありませんが、「YOUメッセージ」とは、主語が「YOU（あなた）」であるメッセージのことです。では、「Iメッセージ」と「YOUメッセージ」はどう違うのでしょうか？　先ほどの個知課長の発言を、「YOUメッセージ」に書き換えて、比較してみましょう。

【Iメッセージ】

「無理を聞いてもらうからには、制作部にとってのメリットもほしい（と私は思います）」

【YOUメッセージ】

「無理を聞いてもらうためには、あなた（伸溜主任）は制作部のメリットを伝えなければなりません」

こうして比較すると、両者のニュアンスの違いがよくわかるはずです。

「Iメッセージ」は、自分の「主観」を伝えるために、「控えめな提案」になりますが、「YOUメッセージ」は、相手に「客観的な意見」を伝えるために、「控えめ」というよりは「強め」な表現になりますし、「提案」というよりは「押しつけ」に感じられがちです。

このような理由から、カウンセリングやコーチングでは、できるだけ「YOUメッセージ」を使わずに、「Iメッセージ」を使う方がよいとされているのです。

ここまで述べてきたように、部下に「間違い」を気づかせ、「行動修正」を促すためには、「控えめに提案する」というスタンスに徹することが重要です。ここでご紹介してきた技法を活用しながら、ぜひ、皆さんにもチャレンジいただきたいと願っています。

コラム❹

相手の心に「メッセージ」を届けるコツ

――「置き配」と「ぶら下げる」をイメージする

部下に「間違い」を気づかせるためには、「控えめ」に「提案する」ことが大切です。

そのときに参考になるのが、**「置き配」**と**「ぶら下げる」**というイメージです。

「置き配」とは、郵便物や宅配便などを、玄関ドアの前などに置いてもらうことで「配達完了」とすることです。従来は、配達員がベルを鳴らし、玄関ドアを開けてもらい、受取人に直接手渡していましたが、今では、「置き配」が主流になっています。受取人の手を煩わせないことが好ましく思われたからだと考えられます。

この「置き配」をイメージするのです。

つまり、**相手にセンシティブなメッセージを届ける際には、ズケズケと玄関に上がり込んで、押しつけるように手渡しするのではなく、「置き配」のように、玄関の前にそっと**

置き手紙をすることをイメージをするのです。その「置き手紙＝メッセージ」を受け取るかどうかは、相手が「自分のタイミング」で決めることです。それこそが、「控えめ」な「提案」なのです。

あるいは、メッセージを「ぶら下げる」ことをイメージしてもいいでしょう。相手の目に入る場所に、天井から紐でメッセージを「ぶら下げる」のです。無理やりメッセージを手渡すのではなく、目に入る場所に「ぶら下げる」だけ。**相手は、そのメッセージを受け取ってもよし、知らん顔をしてもよし。その判断は、相手に委ねる**のです。

このように、「はい、どうぞ」と対面でメッセージを手渡しする、すなわち、押しつけるのではなく、そのメッセージを受け取るかどうかの選択は、相手に委ねるということです。この「置き配」と「ぶら下げる」をイメージしながら、ぜひ、そっと「控えめ」に「提案」してみてください。その方が、部下はあなたのメッセージを受け止めやすくなるはずです。

12 「一般化」ではなく、「個別化」する

——創造的な「対話」を創り出す「質問」の技法

リーダーの「素質」を見抜く、わかりやすい方法とは？

どうすれば、リーダーの「素質」を見抜けるか？

僕は、部下とのミーティングにおける、「質問」の「量」と「質」を見るとわかりやすいと思っています。ダメなリーダーは、自分の「正解」を一方的に話し続けることに終始しがちですが、優れたリーダーは、**「質問」を主体にすることによって、部下主導の「対話」を創り出そうとする**からです。

手市課長はほとんど「質問」をせず、一方的に「指摘」するスタイルに終始していました。

「教示型」リーダーである手市課長のマンガを、もう一度、読み直してみてください。

あのミーティングにおいて、彼はほんの数回しか「質問」をしていません。しかも、その数少ない「質問」は、次のようなものです。

「まあいいや。自分ではできていたと思っているんだね。じゃあ何ができていたの？」

「ホントにわかってる？」

これは、実質的には「質問」ですらありません。「質問」の形式を取ってはいますが、この言葉を投げかけられた伸溜主任は、**単にネガティブな形で「問い詰められている」としか受け止められなかったはず**です。

そして、それ以外の手市課長の発言は、次のような**「指摘」「押しつけ」「決めつけ」「指示・命令」のオンパレード**です。

「主任のノビルさんはもう一段上のことができなくちゃ」

「事前に制作部へクリエイティブ案作成を依頼しなくちゃ」

「日程が決まったのは一週間以上前でしょ。お願いすればやってもらえたはずだよ」

「制作部にかけあって無理してでも作ってもらうのも営業の大事な仕事だよ」

「次回は私も同席するから、必ず私のスケジュールを見てアポイントを取るようにね」


もちろん、手市課長は、伸溜主任の「成長」を願って、「教示・アドバイス」をしているつもりなのでしょう。しかし、これでは伸溜主任にとってネガティブ・インパクトが強すぎて、なにひとつ受け止められないどころか、「反発」と「無気力」へと陥るほかないというしかありません。

「一般化」せず、「個別化」する

一方、「共創型」リーダーである個知課長は、「質問」が非常に多いのが特徴です。「共創型」リーダーは、部下と共に「正解」を創り出すことをめざしますが、その主役はあくまでも部下です。部下にとっての「正解」を創り出すことが目的だからこそ、「共創型」リーダーは、**「質問」することによって、部下の「思考」を深めることを大切にする**

のです。

ただし、単に「質問」をすればいいわけではありません。

部下の「思考」を深め、部下にとっての「正解」を創り出すためには、「質の高い質問」をしなければなりません。そのためには、いろいろ注意するポイントがありますが、ここでは、**「一般化せず、個別化する」**ということについてお伝えします。

カウンセラーなどプロの「聴き手」は、相手が語る内容を掘り下げていくときに、「一般化」するのではなく、なるべく「個別化」するように注意をします。**「一般化」とは、簡単に言えば「パターンに当てはめる」ということ**です。たとえば、こんな感じです。

部下「今年で、営業の仕事も3年が過ぎ4年目になります。最近、ちょっとモチベーションが下がり気味なので、もうちょっとネジを巻き直したいな、と思っています」

上司「あぁ、それはマンネリだね。3年もやると慣れて飽きてくる。私もそうでしたよ」

このやりとりの「マンネリ」「慣れ」「飽き」という言葉が、いわゆる「一般化」です。

本来は個別的な部下の体験を、「パターン」や「慣用句」などにグルーピングしてしまうのです。そして、**「その人独自の体験」ではなく、その他大勢と同じ「一般的な体験」と決めつけてしまう**のです。

ところが、それが部下の「真意」とは限りません。

そもそも、部下の「真意」を確認もせず、勝手に「一般化」するのは、部下に対するリスペクトに欠けた行為と言わざるを得ません。**部下が体験したことは、個別的で独特なものなのですから、安易に「一般化」するのではなく、「個別化」するべき**なのです。

部下に「一般論」は通用しない

そのためには、「どのように？」と質問すればいいのです。

たとえば、「モチベーションが下がり気味なのですね。どのように下がっているのでしょうか？」と聴いたら、「うーん、以前はお客さんの満足だけを考えていればよかったのですが、最近は後輩の育成も求められて……正直、そこにはあまりやりがいを感じられないのです……」と返ってくるかもしれません。

あるいは、「営業の成績がそれなりに残せたのはよかったのですが、本当は私はエンジニアになりたかったのです。でも、人事から『まずは営業を体験することが近道』と説得され、それならばと引き受けたのです。このままずっと営業を続けるのであれば、転職も視野に入れなければ……」という答えが返ってくるかもしれません。

どちらも明らかに、「マンネリ」「慣れ」「飽き」ではありません。にもかかわらず、上司が勝手に「一般化」して理解したつもりになっているようでは、部下との「対話」など成立しませんし、その部下にとっての「正解」を創り出すこともできないでしょう。

個知課長は、このことをよく理解しています。

次ページは、「セトル社へのプレゼンに先立って、制作部にクリエイティブを依頼する段取り」について話し合っているシーンですが、ここで個知課長は、次のような「個別化」を意識した「質問」を投げかけています。

「無理をお願いしてみたら、アフロ主任はどんな反応をするかしら?」

この「質問」を、「制作部はどんな反応をするかしら?」と聴くこともできるわけです

「質問」するときには、「一般化」するのではなく、「個別化」することを心がけます。そうすることで、部下にとって最適な「正解」が見つかりやすいからです。

が、それよりも「アフロ主任はどんな反応をするかしら?」と聴いた方が、より「個別性」が高まります。個知課長は、それを意識していたはずだと思うのです。

実際、この「質問」を受け伸溜主任は、強烈な"ダメ出し"をしているアフロ主任にたじろぐ自分を、リアルに思い浮かべて脂汗を流しています。

「一般論」としては、「業務上必要であれば、短納期であっても制作部に依頼すべきだ」と言うことはできるでしょうが、伸溜主任にとってそれは、「強烈な"ダメ出し"をするアフロ主任を説得する」という心理的なハードルを超えることなのです。

「個別化」するからこそ、部下にとっての「正解」が生まれる

そのうえで、個知課長はこんな「質問」をします。

「それはノビさんが望む姿?」

これも、「個別化」を意識した「質問」です。**「一般論」を聞きたいのではなく、「ノビ**

さん、あなたの意見を聞きたいのよ」と、個知課長は迫っているわけです。

そして、この「質問」を受けて、伸溜主任は、「いえ、違います。そんなことを繰り返したら、今後ますます頼みにくくなる」と回答。これこそ、伸溜主任に「個別化」された、彼にとっての「正解」にほかなりません。まさに**この瞬間、個知課長と伸溜主任は、共に「正解」を創り出したと言える**のです。

ちなみに、手市課長のミーティングでも、この「問題」が俎上に上がりましたが、そこで手市課長が口にしたのは、こんな言葉でした。

「事前に制作部へクリエイティブ案作成を依頼しなくちゃ」
「制作部にかけあって無理してでも作ってもらうのも営業の大事な仕事だよ」

ここでは、「個別性」は考慮されていません。**「制作部に依頼しなきゃ」「無理してでも作ってもらうのも営業の大事な仕事だよ」というのは、単なる「一般論」に過ぎません。**これも、手市課長のミーティングが「失敗」に終わった大きな要因なのです。

13 「学習効果」を最大化する方法

――「対話」を振り返り、「学び」を言語化する

「具体化」を促す「質問」をする

もうひとつ、「質問」の重要なポイントがあります。

それは、上司との「対話」を通じて、部下と「おおまかな方針・方向性」が共有できたときに、それで「よし」とするのではなく、「じゃ、どうしようか？」「それって、具体的にはどういうこと？」「もっと、詳しく聞かせてくれない？」などと質問することによって、**「具体化」「詳細化」「行動化」**しておくということです。

これは、上司の重要な役割です。

「エビデンスを強調したプレゼンをする」という方針が決まったら、すかさず「資料を使う順番は？」と「具体化」を促す質問をしています。

なぜなら、「おおまかな方針・方向性」を共有したつもりでも、実際には、上司と部下でイメージしているものが異なるからです。ですから、上司が「具体化」「詳細化」「行動化」する質問をすることによって、**お互いに認識をしっかりと擦り合わせておく必要があるのです。**

個知課長は、この点もしっかりと認識しています。

前ページは、「難題部長から、〝素晴らしいプレゼンだ！〟と言ってもらうためには、どうすればいいか？」というテーマで話し合っているシーンですが、難題部長がエビデンスを重視していることを二人とも知っていたので、「〝成功事例〟の数字を出すのがいちばん説得力がある」という方針はすぐに共有することができました。

そこで、個知課長はすぐさま、こう質問するのです。

「じゃ、その資料を使う順番はどの段階がベストかしら？」

これはまさに、「具体化」「行動化」の質問です。

そして、これに応じて、伸溜主任は次のように「具体化」「行動化」していきました。

1　広告媒体の説明は不要だった
2　最初から「共有くん」の展開事例を動画や写真で見せる
3　同時に「エビデンス」数値もスクリーンに映し出す
4　制作部門にあらかじめお願いして作っておいた、〝精算お任せあれ〟のクリエイティブ案を見せる

ここまで「具体化」「行動化」しておけば、認識のズレはないでしょう。そして、伸溜主任は迷うことなく、次回のプレゼンに向けて準備を開始することができるわけです。

ミーティングを「振り返る」ことで、「学習効果」を高める

さらに、その後、個知課長は、「今回の体験を次回以降に活かすために、教訓として残すべきノウハウは？　キャッチフレーズ風にまとめてみましょうか」と、ミーティング全

体を「振り返る」ための質問をしました。

これも、非常に重要なプロセスです。なぜなら、最後にミーティングを振り返ったうえで、その内容を「言語化」しておくことで、二人の認識が揃っていることを確認するとともに、そのことによって伸溜主任の「学習効果」を高めることができるからです。


どういうことか？

教育理論家として知られるデビッド・コルブが提唱した「経験学習サイクル」を参照しながら説明したいと思います。


コルブの理論を簡単にまとめると、こうなります。

人は経験するだけでは「学習」しません。経験からの「学習」をより効果的にするには、次のような「経験学習サイクル」を回す必要があるというのです。

部下がなんらかの経験をしたならば、それを「内省」し「深掘り」しなければなりません。そして、それを「言語化」「概念化」（格言やキャッチフレーズのような言葉）したうえで、他の場面でも「新たな試み」として、それを活用することで「学習」が進むというわけです。伸溜主任のケースで言えば、次のようなサイクルとなります。

「教訓として残すべきノウハウは？」と問いかけることで、ミーティングで共有した「３つの教訓」を振り返り、伸溜主任の「学習効果」を高めました。

1　セトル社のプレゼンで「失敗経験」をする
2　個知課長とのミーティングを通じて、セトル社でのプレゼンを「内省」する
3　「アポ取りの手順」「制作部への依頼方法」「プレゼンの手順」の3つのポイントについて教訓を「言語化」
4　次回のセトル社へのプレゼンなど、「新たな試み」にチャレンジする

ここで重要なのが、上司の役割です。

部下がこの「経験学習サイクル」を回すためには、上司がそれを適切にサポートする必要があるからです。

左図をご覧ください。部下が回すサイクルは円のなかに書かれた四つのステップです。そして、**上司は、「任せる」「質問」「要約・言い換え」「横展開」というサポートをすることで、部下がサイクルを回す「弾み車」のような役割を果たす**のです。

まず、「任せる」ことが大切です。

なぜなら、部下の「経験」を増やすためには、上司が仕事を「任せる」ことが必要不可

経験学習サイクル

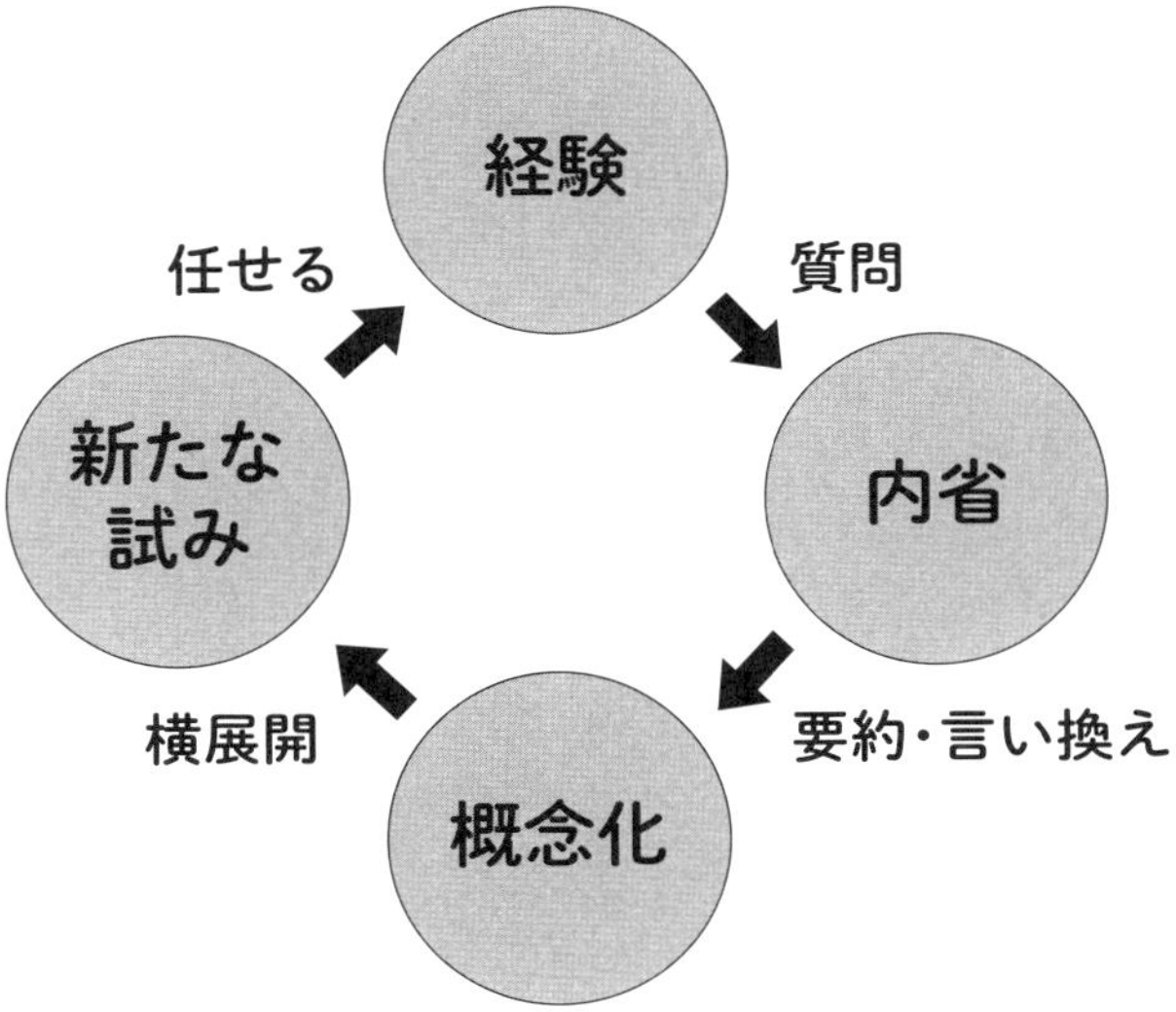

部下は「経験→内省→概念化→新たな試み」というサイクルで「学習」します。それを上司はサポートするために、「質問→要約・言い換え→横展開→任せる」というかかわりをする必要があります

欠だからです。もちろん、伸溜主任がそうだったように、部下が「失敗」することもありますが、それも含めて貴重な「経験」をさせるわけです。

そのうえで、今回、個知課長が行ったようなミーティング（質問、対話）を通じて、部下が「内省」を深めるのをサポートするとともに、その**内省を部下自身に「要約」させることによって「概念化」を促します**。そして、そうして「概念化」した教訓を「横展開」できるように、部下に「新たな試み（新たな仕事）」を用意するというわけです。

つまり、個知課長の「今回の体験を次回以降に活かすために、教訓として残すべきノウハウは？ キャッチフレーズ風にまとめてみましょうか」という質問は、伸溜主任が内省したことを「概念化」するサポートをすることによって、「体験学習サイクル」の歯車を回す機能を果たしていることになるわけです。

「教える」ことで、「学び」を最大化する

最後に、**「ラーニング・バイ・ティーチング」**についても触れておきましょう。

文字どおり、教えることによって（バイ・ティーチング）、学び（ラーニング）が最大化されるという意味です。

これは、僕自身が深く実感していることです。僕の主たる仕事は、企業研修講師です。顧客企業の要望により、これまでに50種類はゆうに超える研修をゼロから設計してきました。そして、自ら講師として登壇し、現在は年間200〜300回、約30年間で数千回は企業の管理職に対して、「リーダーシップ」や「コミュニケーション」について教えてきたことになります。

その際、いつも実感するのが「ラーニング・バイ・ティーチング」です。

他者に何かを伝授するためには、当たり前のことですが、そのテーマについて深く理解していなければなりません。しっかりと自分の腹に落ちるまで考え抜き、あらゆる角度から質問されても答えられるだけのシミュレーションを行う必要があるわけです。

また、同じプログラムを何十回、何百回と繰り返すうちに、さらに新たな気づきがもたらされることもありますし、受講者からいただく質問によって、よりいっそう思考が深まる機会を頂戴することもしばしばあります。

まさに、「ラーニング・バイ・ティーチング」。**教えることで、最大の学びがもたらされ**

るのです。

そして、個知課長は伸溜主任に「ラーニング・バイ・ティーチング」を促しました。

「このノウハウ、せっかくだから後輩たちにも教えてあげましょうよ」

この提案に伸溜主任は「次のチーム会で発表させてください」と答えましたが、おそらく、伸溜主任は後輩たちに教えることによって、さらに今回の教訓が深く腹に落ちるはずです（後輩にとっても有意義なのは言うまでもありません）。

しかも、後輩に教えたことを、先輩である自分が実践しないわけにはいきませんから、そこに強いコミットメントも生まれるでしょうし、後輩に「こうしたらいいよ」と推奨、提案することによって、自分自身にも「そうするのがいい」と自己暗示をかけることにもなるでしょう。

このように、ミーティングの最後に、上司が部下に対して、「ミーティングの振り返り」と「教訓の言語化」を促すとともに、それを後輩などに教えることを勧めることによって、**部下の「学習効果」を最大化する**ことができるのです。

今回の経験で学んだ「教訓」を、後輩に教えることを提案。「ラーニング・バイ・ティーチング」による「学習効果」の最大化が狙いです。

特別付録

部下と共に「正解」を創り出す7つのステップ

ここまで、個知課長と伸溜主任のミーティングを振り返りながら、上司と部下が共に「正解」を創り出すプロセスを辿ってきました。

「共創型」リーダーである個知課長が、実にさまざまなことに配慮をしながら、伸溜主任の「内省」を促し、自らの「正解」を見つけるのをサポートしていることを読み取っていただけたことと思います。

ただ、ご紹介してきた「考え方」「技法」「哲学」が、あまりにも広範囲にわたるために、頭を整理するのに少々手間取るかもしれないと心配しています。そこで、ご紹介してきたプロセスを、左図のように「7つのステップ」に整理しました。それぞれのステップごとに簡単な説明文を付しましたので、ご一読ください。

STEP 1
自分の「正解」を脇に置き、ふもとへ下山する

↓

STEP 2
「許可」をとり、「話」を聴く

↓

STEP 3
「スポットライト技法」で議題化する

↓

STEP 4
「正解」を創り、「注文」をとる

↓

STEP 5
「Iメッセージ」で、提案を“置き配”する

↓

STEP 6
「試行錯誤（Do More or Do Something Different）」する

↓

STEP 7
「経験学習サイクル」を回す

ステップ1▼自分の「正解」を脇に置き、ふもとへ下山する

最初のステップは、上司が決意することから始まります。

まず、「上司にとっての〝正解〟は、部下にとっての〝正解〟ではない。大切なのは部下にとっての〝正解〟であるから、自分の〝正解〟は脇へ置かなければならない」という決意をします。

次に、上司が山の頂上に立ち、そこから登山道の入り口にいる部下を見下ろすのをやめて、下山して部下と一緒に迷いながら「道」を探すことを決意します。

ステップ2▼「許可」をとり、「話」を聴く

上司と部下が「対等な関係」で、一緒に「今はまだここに存在しない正解」を創造するためには、上司が部下の話をじっくり聴かなくてはなりません。しかし、話を聴く前提となる「信頼関係」ができていないと、部下は正直に「本音」を相談してくれません。

ですから、いきなり「質問」をするのではなく、まずは部下に「〇〇について話を聴い

てもいいですか？」と許可をとり、部下の話す内容に一切の「否定」や「教示」をせずに、「ジョイニング」によって部下のシステムに入りこむ必要があります。

ステップ3▼「スポットライト技法」で議題化する

第2ステップで、部下の「本音」や「相談」をじっくり聴けたとしたら、次のステップは「議題」の切り取りとなります。

その際に、第1ステップで決意したとおり、上司の「興味関心」や「独断」で、「議題」を切り取ってはいけません。

第1〜第2ステップの「対話」で出てきたテーマのなかから、「部下が話したそうなこと」「もしくは部下が見過ごしていること」「曖昧にしていること」などを見極めます。そのうえで、「意味の明確化」や「スポットライト技法」「対比」などの技法を用いて「議題」を切り取ります。それをさらに深掘りし、二人で「今はまだ存在しない正解」を共に創っていくのです。

ステップ4▼「正解」を創り、「協力」の注文をとる

「議題」が明確になったら、「タイムマシン・クエスチョン」「具体化、詳細化、行動化」などを用いて、「今はまだ存在しない正解」を二人で「共創」します。

その際に大切なのは、「原因分析」をしないことです。VUCAな時代に、部下が抱える悩みは、ガンと同じように「原因特定」はできません。それよりも、いきなり「解決策」へ向かうのです。そして、部下が行動へ移す前に、上司が「協力」を申し出ることも有効です。

その際、上司が部下から「（どんな協力が必要か）注文をとる」必要があります。どの「協力」が部下にとって必要か、それも部下に「自己決定」してもらうことが大切だからです。

ステップ5▼「Iメッセージ」で提案を〝置き配〟する

「正解」を創る主役は部下であり、上司はあくまでも協力者です。そのため、時には、

部下が考えた「正解」に修正が必要なこともあるでしょう。

その際に大切なのは、「控えめに提案する」ことです。上司が主体になったり、相手に押しつけるような「提案」をしてしまうと、形ばかりの「共創」となり、その実態は「教示」になってしまうからです。

ここで効果的なのが「自分」を主語にする「Iメッセージ」で伝えるという技法です。そうすることで、押しつけがましくない、「控えめな提案」になるからです。

また、ここでイメージするといいのが「置き配」です。部下に「こうしてはどう?」とストレートに伝えるのではなく、玄関前にそっと荷物を置く「置き配」のように、さりげなく部下の前に「提案」を置くイメージです。それを受け取るかどうかは、部下次第。このように、「修正提案」はデリケートに行うことが重要です。

ステップ6▼試行錯誤（Do More or Do Something different）する

部下にとっての「正解」が明確になったら、それを実行するステップへと移ります。

もちろん、その実行主体は部下であり、上司の仕事はそのお手伝いをすることです。ここで重要なのは、この実行は「試行錯誤」の形を取るということです。まずはやってみる。

やって少しでも効果が出たら"Do more（もっとやる）"。そして、効果がなければすぐに切り替えて"Do something different（何か違うことをやってみる）"。これが基本スタンスとなります。

実行前に「正解」がわかっていた古い時代とは異なる、VUCAな時代にピッタリなプロセスがこの「試行錯誤」なのです。

ステップ7▼「経験学習サイクル」を回す

いよいよ最後の総仕上げです。ここでは、部下にこれまでのプロセスを振り返ってもらうとともに、そこで得られた教訓を「言語化」「概念化」するように促します。こうすることで、「経験学習サイクル」を回して、部下の「学習効果」を最大化するのです。

また、ここで得た「教訓」を一人で独占せずに、ほかのメンバーに伝えるように促すのも効果的です。なぜなら、「ラーニング・バイ・ティーチング（教えることで、学びは最大化する）」によって、ここで得た「教訓」をさらに深く腹落ちさせることができるからです。

第4章

「教えなければならない」とき、どうするか？

1 緊急事態には「強制」が不可欠である

――「教示」が必要なきわめて〝限定的な場面〟とは？

そうは言っても、「教示」しなければならない場面はある

ここまで本書では、一貫して「教示してはならない」とお伝えしてきました。

第1章で「教示・アドバイス」が逆効果であること、いや、それこそが部下の「反発」や「無気力」の原因あることを示し、第2章では、部下から嫌われないために、「教示・アドバイス」を「回避」することの不毛さをお伝えしました。

そして、第3章で、「教示型」リーダーとも、「回避型」リーダーとも、全く次元の異な

るリーダー像として、「共創型」リーダーについてたっぷりとお伝えしてきました。「教示・アドバイス」を一切することなく、伸溜主任の「内省」を促し、彼が「大切なこと」に気づくのをサポートする個知課長の姿から、リーダーシップのヒントを読み取ってくださったのではないかと思います。

しかし、一方で、この疑問を完全に拭い去ることもできなかったのではないでしょうか？

「そうは言っても、〝教示〟しなければならない場面もあるのでは？」

至極ごもっともな疑問だと思います。

僕の答えは「イエス」。おっしゃるとおり、現実には、「教示」しなければならない場面はあるのです。

それを聞いて、「なぁんだ……、やっぱりそうか」と思われた方もいるでしょう。あるいは、「この本で教示型リーダーを全否定していたのに……、それは嘘だったのか」と思われた方もいるかもしれません。

それについては、はっきりと「ノー」とお答えします。

僕は、「現実には、〝教示〟しなければならない場面はある」ことは認めますが、「教示・アドバイス」することを基本スタンスとする、「教示型」のリーダーシップ・スタイルは全否定しているからです。

特に、「部下は自分が〝できていない問題〟に向き合い、反省しなければならない」と信じ込んでいる〝反省信者〟の上司や、「部下を反省させたい」という「処罰欲求」依存に陥っている上司に対しては、強く「ノー」とお伝えしたい。

そういう方々は、「そうは言っても、〝教示〟しなければならない場面もある」という言葉をエクスキューズにして、際限なく「問題指摘」「教示・アドバイス」を続けて、部下とチームを「反発」と「無気力」へと突き落としてしまうからです。

だからこそ、僕は本書で、何度も何度も繰り返し、「教示型」のリーダーシップ・スタイルに対して「ノー」を言い続けるとともに、「共創型」リーダーへの転換を訴え続けてきたのです。

この大前提をお伝えしたうえで、本章では、やむを得ず「教示」すべき状況にはどのようなものがあるかをお伝えするとともに、そのような場面で「教示」する際の留意点をお伝えしてまいります。

「緊急事態」においては、「教示」「命令」「強制」に踏み切る

早速、始めましょう。

やむを得ず「教示」すべき状況とは何か？

真っ先に挙げられるのは**「緊急事態」**です。

本書は、さまざまな流派のカウンセリングやコーチングの理論をベースにして書いていますが、なかでも、アドラー心理学からは大きな影響を受けています。

アドラー心理学の理論は、精神疾患や神経症患者を治療することを目的としたものではなく、健康な児童に対する対人関係教育を施すことを目的とした心理学として、１００年以上かけて発達してきたものであり、その理論の基本は、本書で言うところの「教示型」ではなく、「共創型」とされています。しかし、そのアドラー心理学も、「緊急事態には強

制的に命令することに問題がない」と考えています。

これは、常識的に考えても、異論のないところでしょう。

たとえば、小学校低学年の子どもがサッカーボールを追いかけて、車が走っている道路へ猛スピードで駆け出したら、親はどのように対応すべきだと思いますか？　当然のことながら、のんびりと「共創型」の7つのステップを使っている場合ではありません。子どもの生命がかかっているのですから、「危ない！　ストップ！　止まって！」と命令、強制すべきなのです。

では、上司として、この「緊急事態」に該当するのはどんな場合でしょうか？

以下に列挙しておきます。これらのうちいずれかに該当し、緊急性が高い場合には「教示」「命令」「強制」に踏み切るべきです。

【命令、強制すべき緊急事態の例】

1　顧客、自社スタッフ、パートナーなど、関連する人々にケガや生命の危険が起こりえるとき

2　製品・商品・サービスに毀損・瑕疵が起きる可能性があるとき
3　法令違反、ハラスメント、人権侵害、倫理規定違反など、各種コンプライアンス上の問題が起きる可能性があるとき
4　社内規定、就業規則、セキュリティ・ポリシーなど、職場の各種ルールに抵触する可能性があるとき
5　業務マニュアル、手順書など、役務に係る取り決め事項に反する可能性があるとき
6　パーパス、ミッション、ビジョン、バリュー、行動指針などに反する可能性があるとき
7　経済的な損失や不必要な費用負担が発生したり、損害賠償を請求されたりするリスクがあるとき
8　その他、これらに類するケース

社会、組織、部下、パートナー、顧客などの**ステークホルダーを、「重大な危機」から守ることは、リーダーにとって本質的に求められる任務**にほかなりません。そのためには、平時においては「共創型」リーダーに徹しながらも、いざ、こうした「緊急事態」が発生したときには、迷うことなく「教示」「命令」「強制」に踏み切る必要があるのです。

2 「業務命令」が必要な職場環境とは？

――従わない場合は、「ルール」に従って粛々と対応する

「性善説」が通用しない場所では、「共創型」は成立しづらい

本書で提案する「共創型」のスタイルは、前提条件として「成長したいと願う部下を上司がサポートする」という性善説が成り立つだけの、初歩的な組織基盤がある職場と人材を念頭に置いています。ですから、たとえば以下のような、残念ながら性善説が成り立たない職場と人材の場合には、「共創型」は成立しづらいと考えていただいてよいでしょう。

【「共創型」が成立しづらい職場、人材】

1「指示命令」「強制」「処罰」をしなければ自発的に働かず怠けてしまう
2「成長したいとは思いません。仕事はお金のためと割り切っています」と言われる
3「これ以上仕事を増やさないでください。少しでも早く帰りたいです」と言われる
4チームの同僚が困っていても手伝おうとしない。「それは私の仕事ではありません」と言われる
5依頼した仕事を納期までに完了しないまま、のらりくらりと逃げられてしまう。報告を求めても「はい」と言いながら、結局いつまで経っても報告をしてくれない
6何度「注意」「指摘」しても、同じミスやルール違反を繰り返し、改善しようという姿勢がまったく見られない

経営学者のダグラス・マグレガーは、労働者を二つの側面で対比して分類しました。それが、経営学の古典として有名な「X理論（いわゆる性悪説）、Y理論（いわゆる性善説）」です。

X理論とは、「人間は怠け者で、責任を回避し、仕事が嫌いである。指示命令、強制が必要」という人間観であり、そのために有効な対応は「管理統制、明確な命令と指示、報酬と罰」であり、適する仕事内容は「定例反復的な役務提供型のマニュアル・レイバー

（後にピーター・ドラッカーが命名）である」と定義しました。

一方、X理論の対極にY理論を置きました。Y理論とは「人間は仕事を楽しみ、自ら立てた目標に対して主体的に取り組む」という人間観であり、そのために有効な対応は「自主性の尊重、参加型目標プロセス管理、成果主義、自己評価」であり、適する仕事内容は「変化適応、価値創造を主体とするナレッジ・ワーク（後にピーター・ドラッカーが命名）である」と考えました。

「ルール」に基づきながら、「自己決定」してもらう

結局のところ、この「X理論、Y理論」は、「いずれか一方だけが人間の本質なのではなく、あらゆる人間のなかにはこの二つが同居しており、場面に応じてそれぞれが顔を出す」と解釈されるのが一般的なようですが、本書が提案する「共創型」は、Y理論の人間観に基づいた「リーダーシップ・スタイル」であると言えます。

ですから、Y理論にあてはまらないような職場、人材に関しては、不本意ではありますが、「教示型」のスタイルが求められる場面はあるでしょう。

たとえば、もしも「やってもらわなくては困る仕事」「やって当たり前の仕事」「もしやらないのであれば、役職や給与を下げなければ、社内バランスが取れないような仕事」は、**上司が「業務命令」を下して、強制的にでも「やらせる」以外に方法はない**でしょう。

そのうえで、もしも「業務命令」を守ってもらえないのであれば、**「社内の就業規則」に従って粛々と「処分（始末書、出勤停止、降格、降給など）」を下し、低い「人事考課」の点数をつける**のです。

そして、当人がこなせる程度の低い難易度、低い重要度の「職場・職種」への配置転換を行い、仕事の重要度、貢献度に応じた「給与・賞与」へと報酬を改める以外に方法はないと思います。

もしも、当人がそれに納得しなければ、上司と部下（必要であれば本社人事を交えて）で納得するまで話し合い、そのうえで本人にそれを受け容れるのか、もしくは自主退職を選ぶのかを「自己決定」してもらうことになるでしょう（「受け容れる」か「自主退職」以外の方法も存在するかもしれません）。

3 「二つの結末」を体験させる

――「ルール」は厳しく、「コミュニケーション」は優しく

「結末を体験させる」という劇薬

アドラー心理学の教育技法の一つに、「結末を体験させる」というものがあります。これは、非常にパワフルな技法です。そして、パワフルであるがゆえに、取り扱いには注意が必要。「劇薬」は使い方を誤ると危険なのです。

ですから、アドラー心理学では、「結末を体験させる」という技法が安易に乱発されないよう、基礎学習を終えた人でなければそれを学ぶことができないように、学習プロセスがプログラミングされているのです。

さて、「結末」には二種類あります。**「自然の結末」**と**「社会的結末」**です。

まず、一つ目の「自然の結末を体験させる」とはどういうことか、わかりやすい例をご紹介しながら説明してまいります。


あなたに小学校4年生くらいのお子さんがいて、その子が毎日お弁当をもって小学校へ通っているとしましょう。ある日、あなたはいつものようにお弁当をつくり、その子にもたせました。そして、子どもは、「行ってきまーす」と元気に登校しました。

ところが、あなたが台所の洗い物などを片付けてからエプロンをたたみ、「さて仕事でもしようか」と振り向くと……、なんとダイニング・テーブルの上に、先ほど子どもにもたせたはずのお弁当箱が置いたままになっているではありませんか！

「あら。あの子、せっかくつくったお弁当、うっかりもっていくのを忘れてしまったのね」


ここで問題です。

あなたには、1~2時間程度ならば自由に使える時間的な余裕があります。そして、子どもの通う小学校は自宅からわずか徒歩5分ほどです。普段のあなたなら、お弁当を子どもの学校へ届ける？　それとも届けない？　さあ、どちらでしょうか。

「良い学び」と「悪い学び」

多くの方が、「届ける」を選択されたことでしょう。

しかし、アドラー心理学を学んだ親の多くは、「届けない」を選ぶようです。なぜならば、アドラー心理学で大切にしている問いとして、**「その体験から子どもは何を学ぶか？」**というものがあるからです。

もしも、母親が届けに来たならば、おそらく子どもは次のようなことを学ぶでしょう。

「あー助かった。困ったことがあればいつでも親や大人が助けてくれる」

この学びは「良い学び」でしょうか？

それとも「悪い学び」でしょうか？

実際には、「良い学び」と「悪い学び」の両方が含まれています。

届けてくれた親に対する信頼が増すことは、「良い学び」と言えるでしょう。なぜなら、この経験から、親をはじめとする「他者」を信頼する力がつくことが期待できるからです。

しかし、ここには「悪い学び」もあります。なぜなら、子どもが「主体的に課題解決する」ことを学ばせるのではなく、子どもに「自分の人生の課題を誰かに肩代わりさせる」訓練を行ってしまったと見ることもできるからです。

つまり、親が「お弁当をもっていく」ことによって、「間違った学習」を促進してしまうことになりかねないのです。そこで、「良い学び」と「悪い学び」の両者を天秤にかけたうえで、子どもが将来、主体的に自分の人生を切り拓いていく力を身につけることを重視するアドレリアン（アドラー心理学を実践する人たち）の多くは、「あえてお弁当をもっていかない」ことを選択するのです。つまり、あえて**「失敗」を体験させる**と言ってもいいでしょう。

ただし、ただ「失敗」を体験させるだけではありません。

その「失敗」から「学び」を引き出すために、子どもが家に帰ってきてからさまざまな質問をするのです。この方法は、第３章でお伝えしたデビッド・コルブが提唱する「経験学習サイクル」とほぼ同じ内容となります。

「お弁当を忘れてどうなりましたか？」

「あなたはどうやって切り抜けましたか？」

「あなたがその体験から何を学びましたか？」

「その学びを活かすとしたら、あなたはどのような行動を取りますか？」

「それを習慣化するとすればどうなりますか？」

といった質問を投げかけたうえで、最後に、

"May I help you?"

すなわち「私に何かお手伝いできることはありますか？」と、「注文」をとって終わるのです。


これが、「自然の結末を体験させる」という技法です。

この場合でいえば、お弁当を忘れたことによる「自然の結末」として、お腹が減るという「失敗」を体験します。そして、この「体験」を通じて「経験学習」を促進するというわけです。

これをビジネスに当てはめるならば、部下が「自己決定」した仕事の進め方や解決策に

対して、「失敗するかもしれない」という多少の心配や懸念があったとしても、そのまま実行させてみることを上司は選択することになります。つまり、**部下の「失敗」を防止するために、あれこれ口や手を出すのを控える**ということです。

そして、それが「失敗」に終わったとしても「よし」とする。ただし、**その「失敗」という「自然の結末」をもとに、「経験学習サイクル」を回すことによって、部下の「成長」を促していく。**このプロセスも含めた全体像が、「自然の結末を体験させる」ということなのです。

「社会的結末」というハイリスク・ハイリターンな教育技法

では、続けて「社会的結末」についてご説明しましょう。

これは「自然の結末」をさらに進化させた技法で、よりハイリスク・ハイリターン。劇薬の度合いが強い技法と言うことができます。それがどんなものか？　ここでもわかりやすい例をご紹介しながら説明しましょう。

夏休みのある日、小学校低学年の子どもが、両親と一緒にお気に入りの高尾山へ電車に乗ってハイキングに行くことになりました。子どもは、今からとても楽しみにしています。

しかし、両親には心配事がありました。それは子どもがやんちゃで、前回行ったときに電車のなかを走り回ったり、つり革にぶら下がったり、他の乗客にご迷惑をかけてしまったからです。また同じことが起きないだろうか……。二人はそれを心配しているのです。

そこでお父さんは、子どもにこう語りかけました。

「いいかい。今度こそ電車のなかで静かに座っているんだよ。約束できますか？」

子どもは、前回叱られたことなど何も覚えていませんから、のんきに「大丈夫だよ！」と即答します。しかし、両親はその言葉を鵜呑みにすることができません。そこで、子どもと事前に「ある約束」をすることにしました。

両　親「前回も約束をしたけれど、守ってくれなかったのを覚えていますか？　今回も同じように、約束を破られてしまうのは悲しいな、と思ってます。だから、約束を守れなかったときのペナルティを最初に決めておきたいんだけど」

子ども「え？　ペナルティ？　何のこと？」

両　親「うん。高尾山まで電車のなかで静かに座っているという約束をもしも破ったときは……」

子ども「破ったときは？」

両　親「お父さんとお母さんはね、三人一緒に高尾山に行くのをあきらめて、そのままお家へ引き返そうと思うんだ。他の乗客の方々にご迷惑をかけてまで、ピクニックに行くのは心苦しいからね。もちろん、お父さんとお母さんも電車で静かに座るというルールを守るよ。どうだろう。もし納得してくれるのならば、このルールでやってみたいんだけれども」

子ども「大丈夫だよ。僕、静かに座っていくからさ」

そして、三人は指切りげんまんをして約束が成立しました。

「ルール違反」は、決して見過ごさない

そして、いよいよ当日を迎えます。

子どもはワクワク。両親はドキドキです。

さぁ、いよいよ最寄駅で高尾山行きの電車に乗り込みました。

すると、「わーい！　わーい！」と小躍りした子どもは、人混みのなかを小さな体で次々とすり抜けて、走り始めてしまいました。事前に交わした約束は、あっと言う間に破られてしまったのです。お父さんもお母さんもガッカリしてしまいました。

さて、もしもあなたが両親だったとしたら、普段のあなたはこの後どのようにしますか？　約束どおり、途中で家に帰りますか？　せっかく電車に乗ったのだから、今回は見過ごしてあげて、高尾山のピクニックを楽しむでしょうか？

アドラー心理学を学び続けていた先ほどの両親は、子どもが戻って来るなり、優しくニッコリと笑ってこう告げました。

「あー残念だね。お父さんもお母さんも一緒に高尾山に行きたかったなぁ。**でも約束だから、次の駅で降りてお家に帰ろうね。**約束だからね。残念だったね」と家に帰るのです。

これが「社会的結末を体験させる」という教育技法です。

「叱らない」「嫌味を言わない」「教示や誘導をしない」

このとき、子どもには二つの選択肢が生まれます。

1　次回、高尾山へ行く際に、電車のなかを走り回り、今回のように途中で家に帰されてしまうことを選ぶ

2　電車のなかで我慢して静かに座って、高尾山のピクニックを実現する

このどちらを選択するかを、主体的に「自己決定」することに直面させられるのです。ここで**最も大切なのは「叱らない」「嫌みを言わない」、そして「教示や誘導をしない」ということ**です。

これらのいずれもが、子どもの「自発性」を損ないます。「親に叱られたから、いやいや静かにしている」のは単なる強制です。**子ども自身が、自分の意思で主体的に「自己決定」してこそ、「教育」になる**。だからこそ、絶対に「教示」的行動を取ってはならないのです。

むしろ、優しくニッコリ笑って、「社会的結末」を告げる方が効果的でしょう。

そして、心のなかでこうつぶやくのです。


「あなたは主体的に自己決定するだけの能力があり、権利をもっている」

それこそが「共創的」なかかわりへとつながるのです。

「民主的手続き」「合理性」「公平性」

ここで言う「社会的結末」の「社会」とは何でしょうか？

それは“Social”、つまりは人と人との交流を意味します。

この場合で言えば、家族3人が話し合って、民主的かつ合理的かつ公平に「ペナルティ」というルールを決めたことが、「社会的結末」となるのです。

もしもこの話し合いなしに、親の独断によってルールが決められたとしたら、それは、民主的ではなく独裁的決定となり、「社会的結末」でも「ペナルティ」でもなく、「罰」になってしまいます。

ここで大切なキーワードは、**「民主的手続き」「合理性」「公平性」**です。一つずつ順番に説明しましょう。

アドラー心理学では、**「相手に罰を与えながら教育することは不可能だ」**と考えます。

また、「賞罰は相手をコントロールする道具であり、両者の関係を壊してしまう」と考えます。ですから、**「ペナルティ」は活用しますが、それが「罰」にならないよう厳格に手続きを定めています。**その一つが、「民主的に全員参加で、全員の合意のうえでルールを決定する」という「民主的手続き」になります。

もう一つ重要なのが「合理性」です。

合理とは「理にかなっている」ということ。すなわち、対象となる「不適切な行為」と「ペナルティ」の間に、誰もが納得する連関があることが大切だということです。

たとえば、車を運転するときに「スピード違反」をしたならば、「免許停止」というペナルティが課せられ、運転ができなくなります。この場合、不適切な行為である「スピード違反」と免許停止という「ペナルティ」の間に、誰もが納得する連関があると認められますから、これは「合理的」と言えるでしょう。

しかし、もしも「スピード違反」をした人に「ペナルティ」と称して、「腕立て伏せ100回、グランド50周のランニング」を課したとしたらどうでしょうか？　そこには、全く連関がないことは明らかでしょう。ですから、これは**「ペナルティ」ではなく、単なる「罰」**ということになり、「社会的結末」ではなくなってしまうのです。

さらに「公平性」も大切です。

つまり、決められたルールは子どもだけが適用されるのではなく、両親にも適用されるということです。これも当然のことですよね？　誰だって、「公平性」の担保されないルールを、本心から受け容れたりはしません。

このように、「民主的手続き」「合理性」「公平性」が伴うルールを共有することができたときに、はじめて「社会的結末」になるのです。

「ルール」は厳しく、「コミュニケーション」は優しく

そして、これらの条件を備えた適切なルールを決めたら、そのあとは**本人の「自己選**

択」に委ねて、親や上司は基本的には口出しはしません。あくまで、本人の「自律性」「自発性」を尊重するわけです。

その結果、本人がルールを破ったら、粛々と「ペナルティ」を課しますが、ここでも重要なのは、「その体験から何を学んだか？」「今後、どのように行動するのか？」などを問いかけることによって、「経験学習サイクル」を回し、本人の「成長」を促すことであり、このプロセス全体が「社会的結末を体験させる」ということなのです。

この「社会的結末」を職場のマネジメントに当てはめるとすれば、第4章の項目2で示した人材（P316）との間で「ペナルティ」を設定し、自分たちの行動を「自己決定」させるということになるでしょう。

そして、「ペナルティ」には、経営会議や人事部などで策定される「公式なルール（フォーマル・ルール）」で決められているものもありますが、それぞれの**職場単位で次のような「非公式なもの」を決めるのも効果的**です。

1　会議に遅刻したら、次回の会議の主催者・連絡係になる

2　顧客からのクレームが3回発生したら、顧客担当を外れて社内アシスタントになる
3　日報の記載をしなかったら、翌日の朝礼で全員の前で口頭で日報内容を報告する

そして、部下には、今後どのような行動をとるかを「自己決定」してもらいます。「問題行動」を続けて「ペナルティ」を受けるのか、自発的に行動を改めて「ペナルティ」を避けるのか、それは本人が決めることです。もちろん、すぐに行動を改めるのが望ましいのですが、「社会的結末を体験させる」ことによって、本人のなかに「気づき」が生まれるように、「体験学習サイクル」を回すのも上司の重要な役割なのです。

ただし、これは「劇薬」です。

あまりにも**「ペナルティ」を乱発すると、職場がギスギスし始めて、「安全安心」が損なわれてしまいかねません**。ですから、「ここぞ」というときに、ピリッとスパイスが効くような塩梅《あんばい》に「ペナルティ」を設定するのがポイントです。

また、いったん決めた「ルール」や「ペナルティ」は厳格に運用することが大切です。決めたにもかかわらず適用されないとしたら、今後ペナルティは効果を発揮しなくなるからです。そのためにも実際に適用しづらいような「厳しすぎるペナルティ」「非現実的な

ペナルティ」を設定しないことです。決めたら適用する。適用できないようなペナルティは決めない。それが大切です。

そのうえで、「ルールは厳しく、コミュニケーションは優しく」という方針を、マネジメントの基本に据えることによって、職場の規律とメンバーの自律的成長を実現していくのです。

4 「正解」ではなく「フレームワーク」を教える

──「控えめに」かつ「部分的に」伝えることが大切

「魚」を与えるのではなく、「釣り方」を教える

部下に「知識」「スキル」「経験」がない──。

このような場合にも、上司は「教示」をしなければなりません。

本書で提案している「共創型」は、意図的に「正解」を教える「ティーチング＝教示」を避け、「質問」を通して部下の「正解」を引き出す「コーチング」や「カウンセリング」をベースに構築されています。

しかし、「コーチング」は万能ではありません。あくまでも、**相手のなかにすでにある「正解」を引き出すのが基本ですから、相手のなかが〝空っぽ〟だったら引き出しようがない**からです。部下のなかに「知識」「スキル」「経験」がなければ、どんなに工夫を凝らした「質問」をしても、「わかりません」としか返ってこないのです。

つまり、学習したことがない、あるいは、学習する機会がなかった「未学習者」には、「教示」から始めなくてはいけないということです。

とはいえ、手市課長のような「教示型」リーダーになってはいけません。

あくまでも「控えめ」に教えるのが基本です。そのために念頭に置くべきなのが、**「人に魚を与えれば一日で食べてしまうが、釣り方を教えれば一生食べていける」**という老子の有名な言葉です。

何も知らないからといって、部下に「正解＝魚」を与えてしまったら、そのときはいいけれど、次回以降は応用がききません。だから、**部下がどんなに困っていても「正解＝魚」は与えず、「方程式＝釣り方」を教えることに徹する**のです。

「未学習者」には、「フレームワーク」を教える

「箱根駅伝」において、2024年、2025年と連覇を飾った青山学院大学陸上学部の原晋監督は、この「控えめな教え方」の達人でいらっしゃいます。こんなエピソードが伝わっています。

あるとき原監督は、マネジャーから「監督、今日の練習は何時からにしますか?」という質問を受けたそうです。原監督によると、こうした質問を受けたときに、多くのスポーツチームの指導者はすぐに「○時からにしよう」と「正解」を伝えるそうですが、それではいつまで経っても、マネジャーや選手の「主体性」は育たず、「指示待ち」「監督依存」の不健全なチームができあがってしまうことになります。

ですから、原監督は**絶対に「正解」を伝えることはせず、本人に考えさせ、本人に決めさせる「自己決定」を優先している**といいます。つまり、原監督のコミュニケーション・スタイルは「ティーチング」ではなく「コーチング」。相手の「正解」を引き出すために、「質問」を中心としたコミュニケーションをされているのです。

ところが、このとき原監督が「あなたはどうしたいの?」と逆質問をすると、そのマネ

ジャーが「わかりません。やったことがありませんので」と答えたそうです。さて、あなたが原監督だったら、これにどう応えるでしょうか？

ヒントを出す――。

これが、原監督の対応です。つまり、練習時間を決めるための「方程式」、すなわち**「意思決定のフレームワーク」のみを、「控えめに」かつ「部分的に」伝えた**のです。

練習時間を決めるためには、「天気のコンディション」「選手のコンディション」「グラウンドのコンディション」の三つをトータルに勘案するそうですが、この「フレームワーク」の使い方を教えることで、マネジャーが練習時間を自分で決められるように導いたのです。まさに「魚」を与えるのではなく、「釣り方」を教えたわけです。

この手法は、ビジネスに応用しやすいはずです。たとえば目標設定する際には、目標の中身には一切触れず、目標設定の「フレームワーク」だけ教えればいいでしょう。あるいは、イベントのアイデアを考えるときには、アイデアそのものを出すのではなく、アイデアを生み出す「フレームワーク」だけを伝えるのです。このように、原監督の技法は、きわめて汎用性の高いものなのです。

5 部下に「アドバイス」を求められたらどうする？

――まずは「あなたはどう思っているの？」と逆質問する

部下に「アドバイス」を求められたら、それは〝罠〟だと認識する

「○○さんなら、どうしますか？」

部下から、そんな質問を受けたことがある人は多いはずです。

つまり、部下から「アドバイス」を求められたわけです。この場合、上司は「アドバイス」をしていいようにも思えますが、実際には、それほど単純なものではありません。

なぜなら、**人が「アドバイス」を求めるとき、ほとんどのケースで自分なりの「答え」**

をすでにもっているからです。つまり、「アドバイス」を求めるように装っていますが、本当は、自分が考えている「答え」が正解であるという確信を得たい、つまりは〝答え合わせ〟がしたいだけのことが非常に多いのです。

もちろん、上司の「アドバイス」が、部下がもっている「答え」と同じだったら問題ありませんが、もしも、部下の「答え」と異なる「アドバイス」をしてしまったときには、部下の「劣等感」を強烈に刺激し、「上司部下」関係に深刻な亀裂を生じる結末を迎えることすらありえます。

だから、**部下の「○○さんなら、どうしますか?」という問いかけに、安易に乗っかって「アドバイス」をしてはいけません。**部下にそんな意図があるわけではありませんが、「○○さんなら、どうしますか?」という問いかけは、上司が絶対にはまってはいけない〝罠〟にほかならないのです。

では、どうすればいいのか?

こんなときには、安易に「アドバイス」するのではなく、**「あなたはどう思っているの?」と逆質問するのが安全**です。

そして、この逆質問に対して、部下が「私は△△した方がいいと思っています」と答えてくれた内容に、こちらが「お、いいね！」とポジティブに思うか、「うーん。ちょっと心配だな……」とネガティブに感じるかによって、その後の対応は変わってきます。

ポジティブに感じた場合の対応はシンプルです。

「具体化」「詳細化」「行動化」を促す「質問」をすることによって、**部下がもっている「答え」の解像度を上げていけばいい**のです（第3章の項目13参照）。たとえば、次のような質問をするといいでしょう。

「なるほど、いいアイデアですね。もうちょっと具体的に教えてもらえませんか？」
「そのアイデアを実現するためには、具体的にどのような行動が必要になりますか？」

こうした質問によって、部下のイメージがさらにブラッシュアップされることが期待できますし、上司としても「GOサイン」を出しやすくなるでしょう。

そして、最後に上司から、「何かお手伝いできることがあったら、言ってくださいね（May I Help You?）」などと「協力」を申し出ることによって、部下の「自律性」を損なうことなく「共創」できるようになるでしょう。

「修正提案」をするときは、そっと〝置き手紙〟をする

難易度が高いのは、逆の場合です。

部下の考えに対してネガティブな印象をもった場合に、露骨にそれを指摘するのがNGなのは言うまでもありませんが、とはいえ、さりげなく「修正」を促すアプローチを避けるべきではありません。

このような場合には、「フィードフォワード」「Iメッセージ」などの技法を使って、こちらがもっている「修正提案」をそっと伝えてみます（第3章の項目11参照）。具体的には、たとえば次のような「質問」をしてみるといいでしょう。

【フィードフォワード】

「なるほど、いいアイデアですね。ただ、ちょっと気になることがあるのですが、質問してもいいですか？　そのアイデアを実践するとなると、○○が起きてしまう可能性があると思うのですが、それにはどう対応するお考えですか？」

【Iメッセージ】

「もうちょっと××について意見を言ってくれると、私は助かります」

このように、部下の心情に配慮した「質問」をすれば、**「部下否定」を避けながら、さりげなく「修正提案」を提示する**ことができます。

ズケズケと玄関に上がり込んで、押しつけるように「修正提案」を手渡すのではなく、「置き配」のように、玄関の前にそっと〝置き手紙〟をするのです。そのように部下に対するリスペクトを伝えれば、きっとあなたの「修正提案」を受け止めてくれるようになるはずです。

あとがき

本書において、僕が皆さんへ最もお伝えしたかったことは、

「人が人を変えることは不可能である」

というメッセージです。

不可能なことをやろうとするから、「された部下」は不快になり、「している上司」も苦しむ。そして、「上司部下」関係が壊れていく。この「無知」に基づく、負の連鎖を止めたかった。それは、かつての僕に最も伝えたかったメッセージでもあります。

僕はかつて、新卒で入社したリクルートで29歳のときに課長になりました。

その後、上場前後のベンチャー企業数社で取締役、最後は30名ほどのコンサル会社でオーナー社長を務めました。30年間にわたり、「長」と名が付くリーダーの仕事をしてきたことになります。

しかし、その道のりは決して順風満帆とは言えず、むしろ七転八倒に近いものでした。管理職になった最初の10年間、僕は「教示型」でうまく行かず、途中から「回避型」へと方向転換しました。しかし、それでもうまく行かず、その後は、二つの間を〝振り子〟のように惑い続けました。どうしたらいいのか、方向性が全く見つからなかったのです。

そんな僕が、ようやく「この方向だ」と直感したのが、40歳前後になった頃のこと。2005年頃に出会った「コーチング」と「東洋哲学」の学びでした。それは、これまで惑い続けた「教示型」と「回避型」の〝振り子〟の軌道とは、全く質的に異なる「第三の道」でした。とはいえ、まだ当時はボンヤリと輪郭が見えてきた程度で、「共創型」のコンセプトは卵のような状態でした。

その後、自分の「直感」に従い学び続けていくうちに、今度は「コーチング」の源流である心理学に興味が移り、夢中になって「カウンセリング」を学ぶこととなります。僕の「直感」は徐々に「確信」へと変わりました。そして気がつけば、自らが心理師・カウンセラーとなり、その過程で「共創型」スタイルが形となり、現在に至っています。

本書が提案する「アドバイスをできるだけ控える」という「共創型」は、僕自身が現在も実践を心がけ、大きな手応えを感じているスタイルです。

もちろん、その実践は簡単ではなく、未だ僕自身が失敗を繰り返しながら修練を続けている段階ではありますが、道半ばとはいえもう迷うことはありません。「これしかない」という明鏡止水の心持ちで自らが実践しつつ、企業研修を通じて皆さんにお伝えしていることを一冊にまとめたのが本書なのです。

「共創型」は、上司が部下を変えようとしません。

しかし「回避型」のような放任にもなりません。

上司と部下がいわば仲間となり、同じ目的へ向けて一緒に「試行錯誤」する、新しいリーダーシップの形なのです。

これによりようやく、部下が不快な思いをすることもなくなり、上司も苦しまなくてすむようになります。人類の究極目標である「居場所」をつくり、ありのままの自分で世界に「所属」できるようになる道。いわば幸福になる方法論の一つが、この「共創型」なのだと思います。

あとがきを執筆しているときに、マンガの登場人物たちから編集部にスナップ写真が届きました。みんないい笑顔です。添えられた手紙によれば、どうやら手市課長や温水課長らは個知課長から「共創型」を学び日々実践中とのこと。

そして、彼らが引っ張るフィード社は、写真から見て取れるとおり、温かな社風と力強い業績の両輪により、今や上場間近に迫っているとのことです。

撰素《センス》取締役が提案したチョコレート・フランボワーズ兄弟による動画も、海外のCMコンテストでグランプリを受賞するなど大いに話題となり、キャンペーンは大成功。今やすっかり主要顧客となったセトル社が入居している、伸溜主任がかつて憧れた高層ビルへの移転も近々実現しそうです。

最後に。本書をお読みいただいた皆さんと著者である僕との「共創」が実現されることを楽しみにして、僕にとって記念すべき50冊目執筆のペンを置きたいと思います。熱心にお読みいただき、ありがとうございました。

企業研修講師、公認心理師
株式会社小倉広事務所代表取締役
小倉 広

参考文献

『臨床心理学』（丹野義彦、石垣琢磨、毛利伊吹、佐々木淳、杉山明子・著、有斐閣、2018）

『公認心理師現任者講習会テキスト改訂版』（一般財団法人日本心理研修センター・監修、金剛出版、2020）

『臨床心理学中事典』（野島一彦・監修、森岡正芳、岡村達也、坂井 誠、黒木俊秀、津川律子、遠藤利彦、岩壁 茂・編集委員、遠見書房、2022）

『フォーカシング指向心理療法 体験過程を促す聴き方（上）』（ユージン・T・ジェンドリン・著、村瀬孝雄、池見陽、日笠摩子・監訳、2002）

『フォーカシング指向心理療法 心理療法統合のために（下）』（ユージン・T・ジェンドリン・著、村瀬孝雄、池見陽、日笠摩子・監訳、2003）

『傾聴・心理臨床学アップデートとフォーカシング 感じる・話す・聴くの基本』（池見陽・著、ナカニシヤ

出版、2016）
『ゲシュタルト療法テキスト〈新版〉』（日本ゲシュタルト療法学会、2018）
『アドラー心理学基礎講座応用編テキスト』（アドラーギルド）
『アドラー心理学へのいざない』（エヴァ・ドライカース・ファガーソン・著、大竹優子、河内博子・訳、2014）
『マイクロカウンセリング技法』（福原眞知子 監修、山本孝子、寺川亜弥子、松本（大西）靖子・執筆、風間書房、2018）
『〈森・黒沢のワークショップで学ぶ〉解決志向ブリーフセラピー』（森俊夫、黒澤幸子著、ほんの森出版、2002）
『新版・セラピストの技法 システムズアプローチをマスターする』（東豊著、日本評論社、2019）
『〈叱る〉依存が止まらない』（村中直人著、紀伊國屋書店、2023）
『教えないスキル ～ビジャレアルに学ぶ7つの人材育成術～』（佐伯夕利子著、小学館新書、2021）
『最高のコーチは、教えない』（吉井理人著、ディスカヴァー・トゥエンティワン、2018）

小倉 広（おぐら・ひろし）

企業研修講師、公認心理師、株式会社小倉広事務所代表取締役

大学卒業後新卒でリクルート入社。商品企画、情報誌編集などに携わり、組織人事コンサルティング室課長などを務める。その後、上場前後のベンチャー企業数社で取締役、代表取締役を務めたのち、株式会社小倉広事務所を設立、現在に至る。研修講師として、自らの失敗を赤裸々に語る体験談と、心理学の知見に裏打ちされた論理的内容で人気を博し、年300回、延べ受講者年間1万人を超える講演、研修に登壇。「行列ができる」講師として依頼が絶えない。

また22万部発行『アルフレッド・アドラー人生に革命が起きる100の言葉』や『すごい傾聴』（ともにダイヤモンド社）など著作49冊、累計発行部数100万部超のビジネス書著者であり、同時に企業研修講師、公認心理師としてビジネスパーソン・児童生徒・保護者などを対象に個人面接を行っている。東京公認心理師協会正会員、日本ゲシュタルト療法学会正会員。

優れたリーダーはアドバイスしない

2025年3月25日　第1刷発行
2025年4月11日　第2刷発行

著　者――小倉 広
発行所――ダイヤモンド社
〒150-8409　東京都渋谷区神宮前6-12-17
https://www.diamond.co.jp/
電話／03･5778･7233（編集）　03･5778･7240（販売）
装丁――奥定泰之
漫画・イラスト―中村知史
製作進行――ダイヤモンド・グラフィック社
印刷――勇進印刷
製本――ブックアート
編集担当――田中 泰

ISBN 978-4-478-12100-9